O ensino de Matemática na educação de adultos

EDITORA AFILIADA

Dados Internacionais de Catalogação na Publicação (CIP)
(Câmara Brasileira do Livro, SP, Brasil)

Duarte, Newton.
O ensino de matemática na educação de adultos / Newton Duarte. — 11. ed. — São Paulo : Cortez, 2009.

Bibliografia.
ISBN 978-85-249-1539-0

1. Educação de adultos 2. Matemática — Estudo e ensino I. Título.

09-09863 CDD-374.012

Índices para catálogo sistemático:
1. Matemática : Educação de adultos   374.012

Newton Duarte

O ensino de Matemática na educação de adultos

11ª edição

O ENSINO DE MATEMÁTICA NA EDUCAÇÃO DE ADULTOS
Newton Duarte

Preparação de originais: Sandra Regina de Souza
Revisão: Liege M. S. Marucci
Capa: aeroestúdio
Composição: Linea Editora Ltda.

Nenhuma parte desta obra pode ser reproduzida ou duplicada sem autorização expressa do autor e do editor.

© Newton Duarte

Direitos para esta edição
CORTEZ EDITORA
Rua Monte Alegre, 1074 — Perdizes
05009-000 — São Paulo-SP
Tel.: (11) 3864-0111 Fax: (11) 3864-4290
E-mail: cortez@cortezeditora.com.br
www.cortezeditora.com.br

Impresso no Brasil — outubro de 2009

SUMÁRIO

Prefácio...	7
I. HISTÓRICO DA PROPOSTA...	12
II. FUNDAMENTAÇÃO TEÓRICA E HIPÓTESE DE TRABALHO...	17
III. PRIMEIRA UNIDADE: Recriando o ábaco e o sistema de numeração	20
1. Síntese da evolução do sistema decimal de numeração posicional	20
2. Sequência de passos..	22
3. Analisando alguns pontos.......................................	45
IV. SEGUNDA UNIDADE: Desenvolvendo no ábaco e por escrito o cálculo com as operações de adição e subtração enquanto inversas entre si...	49
1. Pressupostos pedagógico-matemáticos................	49
2. Sequência de passos..	53
3. Analisando alguns pontos.......................................	78
V. TERCEIRA UNIDADE: Dominando a multiplicação e a divisão.	83
Introdução	83
1. Sequência de passos..	87
2. Analisando alguns pontos.......................................	121
BIBLIOGRAFIA...	127

PREFÁCIO

O ensino de matemática para alfabetizandos adultos tem sido uma área quase que totalmente abandonada. Aqueles que trabalham com educação de adultos têm, em geral, um receio em relação à matemática e, em sua maioria, consideram o ensino para adultos um problema secundário, ou, pelo menos, como sendo um problema não pertencente à sua área de atuação. As tentativas de superar esse abandono quase sempre têm se reduzido a adaptações precárias de metodologias criadas inicialmente para o ensino infantil.

No início de 1983, apesar de ainda estar iniciando o curso de Pedagogia, aceitei o desafio de dar alguns passos na exploração dessa área. Desenvolvi, com base nas análises que vinha fazendo, uma experiência com funcionários da UFSCar, alfabetizandos do Segundo Projeto de Alfabetização de Funcionários (agosto/1984 a junho/1985), realizado pelo Programa de Educação de Adultos.

Apresento aqui uma primeira versão (parcial e provisória) de uma proposta metodológica de ensino resultante dessa experiência. Meus planos iniciais eram os de chegar a um estágio de maior elaboração dessa proposta, para então divulgá-la. Ocorreu, porém, que, com os debates, tanto com os integrantes da equipe do Programa de Educação de Adultos como com educadores de diversas partes do país (através de apresentações em congressos da área educacional), verifiquei que o trabalho de elaboração/reelaboração da proposta poderia ser bastante enriquecido se um número maior de educadores pudesse apresentar suas críticas e sugestões. Para ampliar o número de "debatedores", comecei a divulgar o trabalho através de publicações em revistas especializadas. Sobre a primeira unidade da proposta metodológica foram publicados textos nas revistas: **Educação & Sociedade**, **ANDE** e **Cadernos de Educação Popular**. Um texto sobre a segunda unidade e outro sobre a terceira estão sendo analisados pelos comitês editoriais de outras revistas.

Muitos educadores começaram então a solicitar que eu publicasse a proposta integralmente, para facilitar o acesso a ela. Alguns argumentaram que, por mais provisória que fosse a proposta, sendo o campo tão inexplorado, os educadores que trabalham com educação de adultos poderiam começar a utilizá-la em caráter experimental, o que já seria um avanço em relação ao atual estágio em que se encontra o ensino de matemática para alfabetizandos adultos.

Um outro fator, que extrapola o campo da educação de adultos, também contribuiu para que eu me decidisse pela publicação deste livro. Trata-se do debate que vem sendo travado sobre a dimensão política da educação. Neste livro procurei iniciar uma reflexão sobre a dimensão política do ensino de matemática para alfabetizandos adultos. O ensino de matemática contribui para as transformações sociais? Como essa contribuição se efetiva (ou não)?

A resposta a que tenho chegado é a de que o ensino de matemática, assim como todo o ensino, contribui (ou não) para as transformações sociais não apenas através da socialização (em si mesma) do conteúdo matemático, mas também através de uma dimensão política que é intrínseca a essa socialização. Trata-se da dimensão política contida na própria relação entre o conteúdo matemático e a forma de sua transmissão-assimilação.

Aliás, essa conclusão não é fruto apenas de meu trabalho, mas de todas as pesquisas que vêm sendo desenvolvidas no Programa de Educação de Adultos, na UFSCar. E essa conclusão, ao invés de encerrar o assunto, levanta a necessidade de pesquisas cada vez mais aprofundadas sobre essa dimensão política intrínseca à relação entre o conteúdo do saber e a forma de sua transmissão-assimilação.

Convém esclarecer desde o início que não se trata de "enxertar" algo de político ao ensino de matemática. Alguns educadores, no intuito de contribuir para as transformações sociais, têm procurado dar um caráter mais politizante ao ensino de matemática. Tais tentativas têm centrado o ensino em torno de temas relacionados ao custo de vida, à inflação, a cálculos de reajustes salariais, formação de cooperativas etc. O objetivo aí é o de que a matemática não seja vista separada dos problemas sociais. Essa vinculação entre a matemática e as necessidades sociais é realmente importante e tem sido destacada por vários autores. No entanto, não se pode perder de vista que o objetivo central da atividade daquele que se propõe a ensinar matemática é o ensino desta. Tal alerta parece desnecessário, mas muitas vezes o ensino do conhecimento matemático propriamente dito acaba relegado a um segundo plano, sendo consideradas prioritárias as discussões e as atividades em torno daqueles temas socioeconômicos. Isso faz com que o ensino propriamente dito seja desenvolvido assistematicamente, não contribuindo para a socialização do conteúdo matemático. Assim, as camadas populares continuam sem o domínio dessa ferramenta cultural.

No entanto, como já disse, possibilitar a assimilação dessa ferramenta cultural não é suficiente.

Existe ainda aquela dimensão política intrínseca, que pode, inclusive, estar contribuindo para um sentido oposto àquele proclamado pelo educador.

A questão é a seguinte: mesmo que nós trabalhemos com afinco no ensino de matemática, procurando contribuir para que as camadas populares assimilem essa ferramenta cultural tão necessária à sua luta cotidiana, nosso trabalho pode estar sendo guiado subliminarmente por objetivos opostos a essa contribuição. É o que ocorre quando, sem perceber, transmitimos, através do fazer pedagógico, uma visão estática do conteúdo matemático, como se ele fosse pronto e acabado, como se ele tivesse sido sempre assim, como se seus princípios e regras fossem absolutos no tempo e no espaço. E procedemos assim com muito mais frequência do que pode parecer à primeira vista. Um exemplo disso ocorre quando, ao ensinar a técnica operatória da adição, o fazemos nos atendo somente aos passos da resolução do algoritmo, mas esquecendo de refletir sobre questões importantes como: por que se opera a adição da maneira como todos nós aprendemos? A resposta a isso está nos princípios contidos em nosso sistema de numeração. Mas, de onde surgiram esses princípios? Eles nada mais são do que uma transposição, para a escrita, daqueles princípios já contidos no ábaco, que por sua vez tiveram origem na utilização dos dedos das mãos para o registro de contagens. Se simplesmente ensinamos a técnica operatória da adição, sem nos preocuparmos com as questões apresentadas acima, o que fazemos é apresentar esse tema como se ele sempre tivesse sido assim, existindo por si mesmo.

Os educandos poderão até aprender a operar adições com facilidade. No entanto, embora tenham aprendido a manipular essa ferramenta cultural, não terão captado o processo de evolução desta. Isso é incoerente com a proposta de contribuir para a transformação social, pois, se vemos a matemática estaticamente, estaremos contribuindo para que esse modo de ver as coisas seja adotado com relação ao restante da prática social do indivíduo.

Se pretendemos contribuir para que os educandos sejam sujeitos das transformações sociais e do uso da matemática nelas, é necessário que contribuamos para que eles desenvolvam um modo de pensar e agir que possibilite captar a realidade enquanto um processo, conhecer as suas leis internas do desenvolvimento, para poder captar as possibilidades de transformação do real.

Não se trata de o professor querer ou não que essa dimensão política exista. Trata-se de ele dirigir intencionalmente essa dimensão em função dos objetivos que proclama. Essa dimensão política sempre existe, pois, falando-se ou não de assuntos tidos como políticos, o ensino de matemática desenvolve uma postura nos agentes nele envolvidos e esta tem reflexos no restante da prática social desses agentes.

Desde o início da experiência eu já estava alertado para o fato de que nenhum trabalho de ensino é miraculoso; as transformações são lentas e nem sempre facilmente visíveis. De maneira nenhuma eu esperava que, pelo simples fato de estar desenvolvendo essa proposta de ensino com aqueles alfabetizandos, eles fossem mudar radicalmente seu modo de ser. Já estava "vacinado" contra esse messianismo que muitas vezes toma conta daqueles que trabalham em educação de adultos. Talvez justamente por não me iludir com esse tipo de fantasia, é que pude observar pequenas, mas significativas mudanças. Por exemplo, quando o educando, ao calcular no ábaco, compreende que o "vai-um" e o "empresta-um" formam um mesmo movimento, com sentidos opostos, e então passa a realizar com mais facilidade a subtração. Ora, isso é um momento em que o educando está exercitando um modo de pensar que trabalha com relações, ao invés de ver as coisas de forma estanque e segmentada.

Com a continuação de minha pesquisa, pretendo analisar com mais detalhes e em maior profundidade esse tipo de implicação social do ensino de matemática, buscando compreender a relação entre cada pequeno procedimento pedagógico e o processo através do qual o ser humano torna a matemática um dos instrumentos de transformação da sociedade.

Cabe agora aos leitores analisarem em que medida essa proposta metodológica caminha no rumo pretendido.

São Carlos, 30-09-1985
Newton Duarte

I

HISTÓRICO DA PROPOSTA

Esta proposta de ensino de matemática para alfabetizandos adultos começou a ser desenvolvida ainda no Primeiro Projeto de Alfabetização de Funcionários (PAF) da Universidade Federal de São Carlos (outubro de 1980 a junho de 1981. Para maiores detalhes sobre o PAF, vide Oliveira, 1983, 1985a e 1985b).

Os próprios alfabetizandos, quando da realização do primeiro PAF, solicitaram que, além da alfabetização propriamente dita, se desenvolvesse também o ensino de matemática. Explicaram a seu modo que, assim como a leitura e a escrita, também a matemática é um dos instrumentos imprescindíveis para uma participação consciente e organizada dos elementos das classes trabalhadoras nas diversas instâncias sociais.

Houve uma primeira tentativa de se iniciar o ensino de matemática com esse objetivo. Mas,

> "apesar de se ter introduzido algumas noções de Matemática na primeira fase (outubro a dez./80), verificou-se a necessidade de se suspender essa parte do ensino para se estudar e elaborar uma programação mais sistematizada e condizente com os objetivos do PAF" (Oliveira, 1981: 8).

A pergunta que a equipe se fazia era a seguinte: com o objetivo de fazer com que a prática pedagógica seja uma parte da prática social de luta contra a exploração do homem pelo homem, como desenvolver um ensino de matemática para alfabetizandos adultos que esteja de acordo com esses objetivos?

Foram então realizados contatos com o prof. João Batista Peneireiro[1] no intuito de convidá-lo a dirigir essa experiência de ensino de matemática. A partir da sua aceitação, realizaram-se estudos e debates entre ele e a equipe do PAR. Analisou-se, então, algum material utilizado (no Brasil e em outros países) na realização de trabalhos de ensino de matemática para alfabetizandos adultos. Essa análise mostrou que, se no nível dos objetivos proclamados alguns desses trabalhos se assemelhavam à proposta do PAF, no nível dos procedimentos pedagógicos, esses trabalhos não correspondiam ao que proclamavam e ao que se propunha realizar no PAF.

Após constatar a ausência de uma bibliografia específica nesse campo da educação de adultos, o prof. Peneireiro decidiu iniciar um trabalho de criação de uma proposta metodológica com os próprios alfabetizandos. Tendo o referido professor elaborado as diretrizes básicas da programação, reiniciaram-se as atividades de ensino de matemática no PAF, em junho de 1981. Nesse mês, chegou ao seu término o PAF, e em agosto iniciou-se o SAT (Seminário de Aperfeiçoamento dos Trabalhadores), pois os funcionários queriam continuar os estudos para aperfeiçoamento da leitura e da escrita e para dar continuidade ao aprendizado da matemática. Transcrevo abaixo um trecho escrito pelo próprio professor Peneireiro, que sintetiza bem os fundamentos que nortearam o seu trabalho:

"[...] o Ensino de Matemática no SAT tem por objetivo proporcionar as condições básicas aos educandos para a apreensão consciente dos conceitos matemáticos a fim de poderem assumir atitudes de agentes da transformação do mundo. A prática de trabalho visando o ensino das noções básicas de cálculo parte da visão de evolução histórica dos conceitos. A técnica de contagem, a necessidade de registrar e comunicar os resultados, gerando a representação dos números a partir de formas-símbolos — os algarismos. A forma posicional de representação dos números e o avanço da sociedade pastoril e primitiva a uma condição gregária e evoluída forçou a introdução das operações numéricas; estas que inicialmente eram feitas no ábaco, com a descoberta da representação posicional passaram a fazer parte, pouco a pouco, do domínio popular. É nessa linha de abordagem que a prática de trabalho entre os

---
1. Professor do Departamento de Matemática da UFSCar.

13

educandos, induzindo-os a passar por todas essas etapas, discutindo a necessidade e a superação de cada uma delas, como que percorrendo a história da evolução do conceito de número numa escala de tempo reduzida" (Peneireiro, 1981).

Em julho de 1982, o professor Peneireiro encerrou a primeira etapa desse ensino, etapa essa que abrangeu desde a contagem até as quatro operações básicas (adição, subtração, multiplicação e divisão).

De outubro de 1982 a março de 1983, o professor Peneireiro realizou uma série de debates com alguns dos integrantes da equipe (sendo eu um desses integrantes). Nesses debates procurou-se delimitar os vários aspectos teóricos e práticos da programação realizada. Nessa época o referido professor já vinha sendo cada vez mais requerido por outras atividades acadêmicas, razão pela qual não pôde mais continuar a desenvolver a programação proposta.

Assumi então a coordenação de todo o trabalho que se vinha realizando quanto ao ensino de matemática, isto é, dando continuidade à prática, à sua análise e, consequentemente, à elaboração/ reelaboração de uma metodologia de ensino de matemática para alfabetizandos adultos.

No primeiro semestre de 1983, iniciou-se o SPA (Seminário de Preparação de Alfabetizadores). Nesse seminário, que durou até junho de 1984, foi desenvolvido um processo de análise exaustiva de todos os aspectos envolvidos no ensino daqueles funcionários, tanto no que diz respeito à alfabetização quanto em relação ao ensino de matemática. Essa análise contou com um componente muito importante: a participação de cinco dos ex-alfabetizandos. Como o próprio nome já diz, o SPA teve como um de seus objetivos a preparação de alfabetizadores (através da reflexão sobre o que foi feito no primeiro PAF), com vistas à realização do Segundo Projeto de Alfabetização de Funcionários (PAF-2). Este foi desenvolvido de agosto de 1984 a junho de 1985, quando foram, então, testadas as propostas metodológicas elaboradas, entre elas, a de ensino de matemática para alfabetizandos adultos. Essa reflexão realizada no SPA, bem como toda a análise realizada durante o PAF-2, teve como base os subsídios obtidos nos estudos que a equipe vem desenvolvendo sobre a teoria do conhecimento, lógica e teorias educacionais e nos estudos que venho desenvolvendo individualmente sobre a evolução do conhecimento matemático e a evolução dos métodos de ensino de matemática elementar.

Como já foi dito, a testagem das metodologias de ensino através da realização do PAF-2 foi iniciada em agosto de 1984. Após ter sido selecionada a clientela do PAF-2, foi realizado nos dias 20 e 21-8-84 o levantamento do universo vocabular, necessário ao trabalho de alfabetização propriamente dito. No dia 22-8-84 foi realizado o levantamento dos sistemas de registro de contagens utilizados pelos educandos, necessário ao trabalho de ensino de matemática. Esse levantamento foi feito com as duas turmas de educandos do PAF-2 em conjunto.

Conforme foi programado, após a realização do trabalho com a primeira palavra geradora, relativa ao processo de alfabetização, foi iniciada, em 3-10-84, a Primeira Unidade da primeira etapa de ensino de matemática, paralelamente ao trabalho com a segunda palavra geradora. A partir daí os "encontros de trabalho" (denominação dada às aulas) de matemática foram realizados em média dois dias por semana em cada turma. A Primeira Unidade centrou-se no estudo do sistema decimal de numeração posicional e teve sua duração de 3-10-84 a 22-11-84.

A Segunda Unidade centrou-se no estudo das operações de adição e subtração e teve sua duração de 26-11-84 a 13-3-85.

De 10-12-84 a 4-1-85 foram interrompidas as atividades de ensino, mantendo-se apenas as atividades de análise da prática até então realizada.

A Terceira Unidade, que centra o estudo nas operações de multiplicação e divisão, teve sua duração de 14-3-85 a 24-6-85.

Foram realizados, no total, 65 "encontros de trabalho" de matemática na turma A e 58 na turma B, sendo que cada "encontro de trabalho" teve duração de uma hora e meia.

Na medida em que o trabalho foi realizado paralelamente com duas turmas, foi possível, após o trabalho realizado com uma delas, analisar e reelaborar os procedimentos pedagógicos aí utilizados e então retestá-los com a outra turma.

As fitas gravadas nesses "encontros de trabalho" têm sido uma rica fonte de análise. Uma outra fonte bastante rica tem sido os diários de classe de Paulo Cézar de Faria (graduando em matemática na UFSCar), que assistiu, na qualidade de observador, aos "encontros de trabalho" de matemática. Nesses diários de classe encontram-se muitos dados não captáveis pela gravação, muito importantes para a análise do trabalho.

Feito esse breve histórico, a seguir apresentarei uma pequena síntese da fundamentação teórica e a hipótese de trabalho que tem norteado esta pesquisa.

FUNDAMENTAÇÃO TEÓRICA E HIPÓTESE DE TRABALHO

A aquisição do conhecimento matemático não se inicia, para o educando adulto, apenas quando ele ingressa num processo formal de ensino. Essa aquisição já vem se dando durante todo o decorrer de sua vida. O indivíduo alijado da escolarização é obrigado, no confronto com suas necessidades cotidianas (principalmente aquelas geradas pelo tipo de trabalho que ele realiza), a adquirir um certo saber que lhe possibilite a superação dessas necessidades. Mas, se sua situação nas relações sociais de produção lhe exige a aquisição desse saber, essa mesma situação, impedindo-lhe a escolarização, lhe impede o acesso às formas elaboradas de conhecimento matemático.

A consciência do indivíduo torna-se, assim, marcada por uma ambiguidade, pois, de um lado, quando se depara com certas dificuldades, ele não hesita e as resolve utilizando-se daquele seu saber matemático e, de outro lado, como esse saber não é reconhecido enquanto conhecimento matemático pela sociedade, ele mesmo, assumindo isso, embora inconscientemente, afirma que não conhece nada de matemática e que é um ignorante.

A compreensão desse processo contraditório vivido pelo adulto desescolarizado mostra a necessidade de se desenvolver uma metodologia de ensino que possibilite a real superação-incorporação do conhecimento que ele já adquiriu, e não uma metodologia que meramente justaponha, ao que o indivíduo já sabe, aquilo que ele não sabe e precisa saber.

Por mais assistemática, inconsciente e precária que seja essa aquisição de um certo saber matemático pelo adulto desescolarizado, existe nela um "núcleo válido". Esse "núcleo válido" diz respeito tanto ao conteúdo matemático adquirido quanto à forma pela qual se deu essa aquisição. Essa forma reproduz alguns traços daquela pela qual a humanidade foi criando a matemática ao longo de sua história.

A proposta aqui apresentada é a de que esse processo de reprodução das linhas gerais da evolução da matemática continue também na sala de aula a ser vivenciado pelos educandos, só que agora com uma diferença fundamental: a direção intencional desse processo. O conhecimento matemático que a humanidade vem criando durante séculos é, em relação ao educando, um conhecimento "em si". Através de uma prática pedagógica intencionalmente dirigida, os educandos poderão reproduzir condensadamente essa evolução da matemática, recriando o conhecimento matemático "para si". Não se trata de agir como se esse conhecimento estivesse sendo criado "em si", agora, pelos educandos, como seria a proposta escolanovista, nem de apenas "dar" a eles o conhecimento já criado, como seria a proposta tradicional, mas de organizar as condições para que eles possam recriar esse conhecimento "para si". Cabe aqui uma explicação: reproduzir condensadamente a evolução da matemática não implica necessariamente ficar contando a história da matemática para os educandos, mas sim fazer com que sejam percorridos os passos essenciais dessa evolução, o que se torna possível, como já foi dito, pelo fato de que os educandos já vinham percorrendo, de alguma forma, esses passos, ao enfrentarem as necessidades de sua vida cotidiana.

A hipótese que tem, pois, orientado este trabalho é a de que o processo de ensino-aprendizagem contribuirá intencionalmente para a transformação social se for orientado no sentido de criar condições para que o educando, até então alijado da escolarização, vá percebendo seu processo de recriação do conhecimento matemático e do uso adequado que tem feito do produto desse processo para responder aos desafios e exigências de suas necessidades cotidianas; vá se tornando sujeito do seu aprendizado sistemático do conhecimento matemático, superando por incorporação seu processo de aprendizagem anterior; continue a reproduzir as linhas gerais do processo de evolução da matemática, agora fazendo parte de uma prática intencionalmente dirigida para esse fim.

A seguir apresentarei o trabalho desenvolvido nas três unidades, bem como uma análise das implicações dos procedimentos adotados em cada uma delas.

PRIMEIRA UNIDADE:
Recriando o ábaco e o sistema de numeração

1. Síntese da evolução do sistema decimal de numeração posicional

A origem da base decimal do nosso sistema de numeração está na utilização dos dedos das mãos no processo de contagem. O estabelecimento de uma relação de correspondência um-a-um entre cada dedo e cada elemento da coleção a ser contada gerou a necessidade de algum tipo de registro para cada vez que se esgotassem os dez dedos nessa correspondência. Por exemplo: se o indivíduo estivesse contando os animais de um rebanho, levantava um dedo seu para cada animal. Quando chegava a dez dedos levantados, fazia um risco no chão, ou colocava uma pedrinha em algum lugar etc., sendo que cada uma dessas marcas correspondia a dez dedos. Estava estabelecida a relação de correspondência um-para-dez, que é a base do sistema de numeração utilizado em nossa sociedade. Em algumas regiões foi utilizada a base cinco (uma mão) ou a base vinte (duas mãos e dois pés), mas predominou a base dez.

Antes de surgir o sistema de numeração hoje utilizado, foi necessária uma etapa intermediária, caracterizada pelo surgimento do ábaco, instrumento milenar de cálculo, mostrado na figura da página seguinte.[1]

---

[1]. Não tratarei aqui de outros modelos de ábaco, como o soroban chinês e o japonês, por terem uma estrutura não adequada aos objetivos deste trabalho.

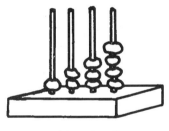

modelo mais antigo

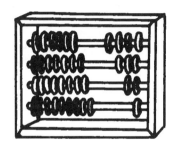

modelo mais recente
(e mais conhecido)

Por milhares de anos, o homem fez seus cálculos utilizando-se desse instrumento. A escrita numérica então utilizada servia apenas como mera forma de registro e não se prestava à realização de cálculos, o que atrasou o desenvolvimento destes por muito tempo. O leitor poderá ter uma ideia da dificuldade em se calcular com um sistema de numeração inadequado para esse fim tentando realizar algumas operações com os algarismos romanos. Por muito tempo, o homem só realizou as operações no ábaco e as inscrições numéricas serviam apenas para escrever o resultado.

Os hindus criaram um sistema de numeração (depois adotado e difundido pelos árabes) que não visava apenas satisfazer a necessidade de registrar, como os sistemas dos romanos e dos gregos, mas também as necessidades de cálculo. Uma característica das mais importantes desse sistema foi a utilização de um símbolo para representar a coluna vazia do ábaco, símbolo esse que gerou aquele que hoje conhecemos por **zero**. Outro elemento fundamental desse sistema é a noção de **valor posicional**, que já estava presente no ábaco. Ver figura abaixo.

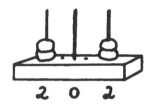

As duas contas, na primeira coluna da esquerda, devido à sua posição, têm um valor diferente das duas contas da coluna à direita.

O sistema de numeração por nós utilizado difere do sistema hindu-arábico apenas no que diz respeito ao formato dos símbolos, mas, quanto aos princípios, é basicamente o mesmo. A genialidade desse sistema está principalmente na sua simplicidade. Ele permite representar por escrito aquilo que antes era realizado apenas no ábaco. A facilidade com que hoje realizamos os cálculos, por escrito, surpreenderia os maiores matemáticos gregos. A escrita numérica dos gregos, assim como a dos romanos, não continha nenhum símbolo para representar a coluna vazia do ábaco e nem utilizava a noção de valor posicional. Por exemplo, a letra X, em algarismos romanos, é sempre dez, esteja em que posição estiver.

No entanto, houve forte resistência à aceitação da utilização dos símbolos "pagãos" na Europa. Essa resistência só foi vencida depois que a expansão do comércio europeu tornou mais forte que os preconceitos culturais a necessidade de um sistema numérico que servisse ao cálculo.

2. Sequência de passos

PRIMEIRO PASSO:
Levantamento das formas de registro
criadas pelos educandos

Embora os alfabetizandos afirmassem que nada sabiam de matemática, provoquei uma discussão que mostrou não ser bem assim. Fiz com que eles fossem apresentando as formas de registro que cada um havia criado em sua vida, de acordo com as necessidades de seu trabalho. Em geral, eles criam essas formas de registro para não se perderem no meio da contagem de alguma coisa ou para não esquecerem o resultado quando a contagem já está terminada. Foram descritas muitas formas de registro. Apresentarei aqui apenas algumas delas:

Educando A: Quando trabalhou em uma fazenda contava bois. A cada cinquenta bois abaixava um dedo. A cada cinco dedos guardava uma pedra ou pauzinho no bolso.

Educando B: Também trabalhou em fazenda. Contava pés de café. Retirava um grão de cada pé e no final contava os grãos.

Educando C: Trabalha no setor de obras da UFSCar. Trabalha com a betoneira. Ao final do dia precisa saber quantos sacos de cimento gastou. Gasta dois sacos a cada "betoneirada", que registra com uma pedrinha. No final do dia, multiplica o número de pedras por dois.

Em todas as formas de registro apresentadas pelos educandos, o que variava era o material utilizado (riscos no chão, grãos de café, pedras, dedos etc.) e o valor atribuído a cada unidade de registro (um, dois, cinco, dez, cinquenta, cem etc.). A forma do educando A já era mais complexa, pois além da relação 1 — 50, entre seu dedo e os bois, havia a relação 1 — 5, entre a pedra no bolso e seus dedos, e a relação 1 — 250, entre a pedra e os bois.

Como se pode notar, isso nada mais é do que a reprodução da criação histórica das formas de registro que antecederam o ábaco. Superar por incorporação esse saber matemático dos educandos seria então fazer com que essas formas fossem sendo sistematizadas numa forma única que acabasse levando à recriação do ábaco.

SEGUNDO PASSO:
Utilização desse saber dos educandos no registro de uma contagem realizada em sala de aula

Esse exercício visava suscitar a análise das vantagens e limites das diferentes formas de registro.

Em substituição aos grãos de café, às pedras etc., cada educando ficou com um pacotinho contendo miçangas brancas, que seriam utilizadas para o registro.

Fiquei com uma caixa cheia dessas miçangas, que seria a coleção a ser contada, em substituição à boiada, à plantação de café etc.

Imaginamos então que aquela caixa fosse um cercado e as miçangas dentro dela seriam os bois no cercado.

O exercício realizado foi o seguinte: fui retirando as miçangas uma a uma da caixa, representando bois que tivessem sido soltos. Cada um ia registrando a seu modo. Quando já havia "soltado 57 bois", parei. E fui perguntando a cada educando quantos "bois" ele contara e qual a forma que utilizara para registrar. Havíamos combinado a regra de que, enquanto eu estivesse retirando as miçangas da caixa, ninguém poderia pedir que eu parasse, caso ele perdesse a conta, pois o boi não para e nem volta atrás quando estamos contando a boiada.

Eis algumas das formas de registro utilizadas:

Educando A: Uma miçanga sobre a mesa correspondendo a 50 "bois". Os sete restantes ele guardou na memória.

Educando B: Uma miçanga para cada "boi". Registrou sem dificuldade enquanto utilizava um punhado de miçangas que pegou com uma das mãos, mas perdeu a conta de alguns "bois" quando acabaram essas miçangas de sua mão e ele teve que pegar mais no pacotinho.

Educando C: Cinco miçangas sobre a mesa, correspondendo cada uma a dez "bois". Os sete restantes ele guardou na memória.

Educando D: Duas miçangas sobre a mesa, correspondendo cada uma a vinte "bois". Não conseguiu lembrar se, além desses quarenta "bois" registrados, havia contado mais sete ou dezessete.

Educando E: Pretendia registrar a cada cem "bois" e ficou com uma miçanga na mão esperando que se chegasse a esse número. Como não se chegou, ele não registrou nada.

Discutiu-se que algumas das formas utilizadas apresentavam maior probabilidade de erro na contagem, pois era preciso contar mentalmente até vinte, cinquenta ou cem. Outras tinham a desvantagem de utilizar um número muito grande de miçangas, como a do educando B. Todas, com exceção da forma do educando B, tinham a desvantagem de ter que guardar alguma coisa na memória, após terminada a maior parte da contagem.

Além dessas desvantagens, discutiu-se também o seguinte problema: cada uma daquelas formas tem sua utilidade para a pessoa que a utiliza, mas, não havendo uma forma comum de registro, fica impossibilitada a comunicação através dos registros utilizados. Concluímos então pela necessidade de ser adotada uma forma de registro comum a todos, possibilitando a comunicação. De certa maneira, essa discussão coloca a questão histórica da necessidade de sistematização de formas comuns de expressão e de registro e o fato de a escrita matemática ser uma linguagem compreendida pelas mais variadas nações.

TERCEIRO PASSO:
Utilização dos dedos para estabelecimento da base decimal da forma comum de registro

Propus então aos educandos que, para combinarmos uma forma comum de registro, utilizássemos um instrumento muito importante para a matemática: os dedos das mãos. Cabe aqui citar ao leitor um trecho escrito por Vieira Pinto:

> "Nenhum conhecimento procede do abstrato ou é inato ao espírito. Todos foram arrancados da realidade com as mãos e transportados para o pensamento. (...) Mais tarde, com a evolução da cultura, as mãos serão reforçadas e prolongadas no poder de alterar a realidade material pelas ferramentas que manejam (...). Em todos os casos, é a ação transformadora da realidade pelo homem, o trabalho, que originariamente oferece o critério de verdade para a ideia, para o juízo que o pensamento elabora em relação aos fenômenos. Mesmo no campo teórico das matemáticas puras a proposição acima conserva plena validade. A ciência é um produto do homem enquanto trabalhador" (Pinto, 1979: 226-7).

Fizemos outro exercício de contagem das miçangas que iam sendo retiradas da caixa. Desta vez, um dos educandos erguia um dedo para cada miçanga tirada. Quando ele chegou a dez dedos levantados foi discutido o que se faria para continuar a contagem e o registro. Resolvemos essa questão com um segundo educando erguendo um dedo, que correspondia aos dez do primeiro. Procedimento análogo foi adotado quando o segundo educando chegou também a dez dedos levantados.

Para exercitar essa forma de registro propus vários exercícios como, por exemplo: pedi ao primeiro educando que levantasse cinco dedos, o segundo, quatro e o terceiro, três. E perguntei que número estava ali representado (300 + 40 + 5).

QUARTO PASSO:
Representação individual utilizando o sistema comum

Nesse momento, cada um passou a representar sobre sua mesa, com as miçangas, aquilo que os três educandos estavam representando com os dedos. Isto é: cada um separou três montes de miçangas, um com três, outro com quatro e outro com cinco. Orientei para que fosse adotada uma ordem de disposição dos montes, de acordo com a ordem pela qual **falamos** o número **trezentos e quarenta e cinco**. A vantagem de se colocar nessa ordem é que essa é a ordem de escrita dos números, em nosso sistema.

Discutimos, a essa altura, as vantagens dessa forma de registro: possibilita a comunicação por ser uma forma comum a todos; utiliza um número relativamente pequeno de miçangas para representar grandes quantidades; a probabilidade de se perder a conta é bem reduzida e não se guarda nenhuma quantidade de memória, pois tudo fica registrado.

QUINTO PASSO:
Montagem do ábaco

Não é muito prático ficar fazendo montinhos de miçangas sobre a mesa. As miçangas de um monte podem acabar se misturando com as de outro. Uma tábua com alguns furos e alguns pedaços de raios de roda de bicicleta, e está montado o ábaco de cada educando.[2] (Ver figura na página seguinte.)

---

2. A opção por esse tipo de ábaco, em que os arames estão na posição vertical, se deu em função de ele oferecer a visualização do número já na posição em que ele será escrito. No outro tipo de ábaco, o número é visualizado verticalmente.

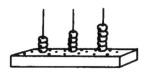

SEXTO PASSO:
Introdução dos símbolos numéricos

Existem várias maneiras pelas quais se pode introduzir a utilização dos símbolos numéricos (os dez algarismos). Algumas questões merecem destaque nessa fase como: a vantagem de um sistema de numeração que utiliza apenas dez símbolos, que variam de acordo com a posição que ocupam; a importância particular do zero, símbolo que representa a coluna vazia do ábaco e possibilita distinguir, por exemplo, o número 304 do número 34.

Utilizamos o seguinte procedimento:

A) Inicialmente representamos no ábaco um número que não tinha nenhuma coluna vazia e utilizamos cartelas para representar quantas miçangas havia em cada arame.

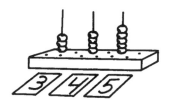

B) Desses 345 tiramos quarenta, ou seja, tiramos as quatro miçangas do segundo arame.

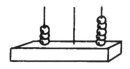

C) Discutimos a representação desse número com as cartelas. Colocamos o 3 e o 5. Perguntei então se poderíamos tirar aquele arame do meio, já que ele estava vazio. Eles responderam que não, pois se o tirássemos o número passaria a ser trinta e cinco. Perguntei então se não havia necessidade de algum número que fizesse o mesmo papel daquele arame vazio. Concluímos então pela necessidade do zero.

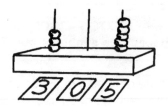

D) Representamos no ábaco o número 126. A cada um foi distribuída uma cartela com o um, uma com o dois e uma com o seis.

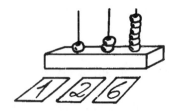

E) Representamos o número 789 no ábaco. A cada um foi distribuída uma cartela com o número sete, outra com o oito, outra com o nove.

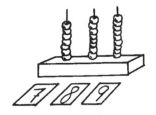

Já havíamos então utilizado cartelas com todos os algarismos. Mas não havia sido discutida ainda a questão de que poderíamos representar qualquer número com esses dez algarismos. Para levar a essa discussão, desenvolvi com eles o seguinte exercício:

A) Estando o ábaco com apenas um arame vazio, perguntei a eles qual número nós havíamos combinado usar para representar o arame vazio. Foi então colocada a cartelinha do zero.

B) Colocamos mais uma miçanga no arame e então discutimos qual número teríamos que utilizar agora. Assim fomos até o momento em que adicionamos a décima miçanga. Segundo a regra já combinada, tiramos as dez miçangas e colocamos em um segundo arame com uma miçanga correspondendo àquelas dez.

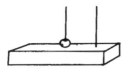

C) Um deles disse que agora precisava uma cartela com o dez. Discutimos então que não precisaríamos de uma cartela com o dez. Apenas precisávamos representar que havia uma miçanga no segundo arame e nenhuma no primeiro e que isso poderia ser feito com aquele um e aquele zero de que já dispúnhamos. Discutimos também que cada arame poderia ter, segundo as regras já combinadas, desde nenhuma miçanga até nove miçangas, pois, quando se chega a dez, trocam-se essas dez por uma no arame seguinte. Então, com cartelas contendo apenas do zero ao nove, poderíamos representar qualquer número. Só o que precisaríamos era ter várias cartelas com cada algarismo para os números em que esses algarismos aparecem mais de uma vez.

SÉTIMO PASSO:
Sequência de exercícios

A compreensão dos algoritmos das quatro operações básicas (adição, subtração, multiplicação e divisão) depende da compreensão dos princípios do sistema de numeração. Não basta apenas saber escrever os números, é preciso que essa escrita seja a exteriorização de um domínio dos princípios e propriedades do sistema decimal de numeração posicional. Esses princípios e propriedades são melhor compreendidos quando se compreende a sua origem. O sistema decimal de numeração posicional teve no ábaco um instrumento decisivo para a sua formação, conforme mostrei anteriormente. Por esse motivo, após a recriação do ábaco e do sistema de numeração, passei a realizar, com os educandos, uma lista de exercícios que visa desenvolver de forma sistemática o domínio dos princípios e propriedades do ábaco e do sistema decimal de numeração posicional. Apresentarei, a seguir, não só essa lista de exercícios, mas também o modo como ela foi trabalhada com os educandos e o que se pretendia com cada exercício.

Exercício 1:

Neste exercício os educandos não escreveram no caderno. Utilizaram o ábaco e as cartelas com os algarismos. Os educandos representavam os números pedidos, tanto no seu ábaco, como com as cartelas com os algarismos; eu fazia o mesmo com o ábaco e as cartelas de tamanho grande e, posteriormente, escrevia o número na lousa.

A sequência de números deste exercício é a seguinte:
0, 1, 2, 3, 4, 5, 6, 7, 8, 9, 10,
20, 30, 40, 50, 60, 70, 80, 90, 100,
200, 300, ..., 1.000,
2.000, 3.000, ..., 10.000,
20.000, 30.000, ..., 100.000,
200.000, 300.000, ..., 900.000.

A dinâmica adotada para essa sequência foi a seguinte:

A) Estando o ábaco com apenas um arame, e estando este vazio, perguntei a eles qual número nós havíamos combinado para representar o arame vazio. Foi, então, colocada a cartela do zero. Note-se que o princípio deste exercício é uma repetição de um processo já desenvolvido com os educandos (vide Sexto Passo).

B) Fiz o mesmo no ábaco grande e com a cartela. Escrevi, logo após, o número zero na lousa.

C) Solicitei então que os educandos colocassem uma miçanga no arame.

D) Perguntei qual número estava ali representado. Eles responderam corretamente que era o número um.

E) Perguntei qual cartela correspondia àquela situação e eles colocaram a cartela com o número um na direção desse arame.

F) Fiz o mesmo no ábaco grande e com a cartela. Escrevi, então, o número um, na lousa, debaixo do zero.

0
1

Cabe aqui um esclarecimento a respeito dessa disposição dos números na lousa. Colocar os números um ao lado do outro, na disposição horizontal, não leva os educandos adultos a vê-los separados, ainda que colocássemos a vírgula entre eles. O adulto, em nossa sociedade, mesmo o iletrado ou pouco letrado, tem uma experiência, ainda que precária, de leitura de números. Isso faz com que ele, ao ver dois algarismos, um ao lado do outro, já pense neles como fazendo parte de um número só. Por outro lado, como sua experiência de leitura é precária, sinais que poderiam servir para separar os números, como a vírgula, podem se tornar antes um fator "poluidor" da comunicação do que uma ajuda. E como na nossa sociedade não existe o hábito de se escrever os números horizontalmente, colocar os números debaixo uns dos outros já facilita que ele os leia separadamente. Por exemplo, ele não terá a tendência de ler 123 quando se escreve na lousa.

1

2

3

G) Repeti, com os educandos, os mesmos procedimentos, adicionando uma miçanga de cada vez, até que adicionamos a décima miçanga.

H) Recordei a regra combinada anteriormente (vide Terceiro Passo). Os educandos retiraram as dez miçangas desse arame, colocaram à esquerda outro arame e nele uma miçanga correspondendo às dez do primeiro. Esse momento é de fundamental importância, pois é nessa correspondência um-para-dez que se fundamentam vários procedimentos dos algoritmos das quatro operações, dentre eles o chamado "vai-um" do algoritmo da adição e o "empresta-um" do algoritmo da subtração.

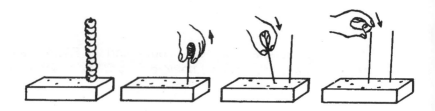

I) Perguntei como representaríamos aquele número com as cartelas. Foi então lembrado acertadamente, por alguns educandos, que não necessitávamos de uma cartela com o número dez, pois bastavam as cartelas com o **1** e o **0**, colocadas na posição correta.

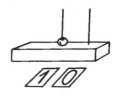

J) Fiz o mesmo com o ábaco grande, com as cartelas, e escrevi, na lousa, o número dez, com o zero debaixo do nove.

0
1
2
3
4
5
6
7
8
9
10

Procedi dessa forma, porque dispor na lousa as unidades debaixo das unidades, dezenas debaixo das dezenas etc., prepara visualmente o educando para, posteriormente, "armar" corretamente os algoritmos da adição e da subtração.

Chamei a atenção dos educandos para o fato de estar escrevendo o zero do mesmo tamanho que o **1**. A dificuldade inicial em se compreender que o zero também é um número, se manifesta até na forma de escrevê-lo, fazendo-o menor que os outros. Existe um certo "receio" por números com zero. E o professor contribui para a quebra desse receio quando escreve o zero do mesmo tamanho que os outros algarismos, chamando sempre a atenção dos educandos para que façam o mesmo.

K) Discutimos, então, que da mesma forma como as miçangas assumem valores diferentes de acordo com o arame em que se encontrem, os algarismos têm um valor de acordo com a sua posição no número. O **1** tem valores diferentes no **1** e no **10**. Essa discussão foi repetida posteriormente com todos os números da sequência.

L) A seguir, solicitei que os educandos colocassem mais uma miçanga nesse segundo arame. Perguntei qual número estava agora ali representado e quais mudanças seriam necessárias nas cartelas. Responderam acertadamente que era o número vinte e que seria necessário trocar a cartela do **1** pela do **2**, mantendo a do **0** no mesmo lugar.

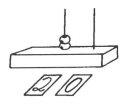

M) Fiz o mesmo com o ábaco grande, com as cartelas e escrevi o número vinte na lousa.

N) Esses procedimentos se repetiram até que adicionamos a décima miçanga nesse arame. Nesse momento foi recordada a regra já combinada e retiramos as dez miçangas do segundo arame. Acrescentamos um terceiro arame à esquerda e uma miçanga nesse arame. Essa miçanga ficou correspondendo a dez do segundo e, portanto, a cem do primeiro.

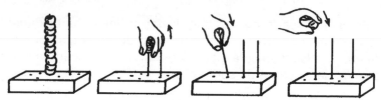

O) Esse processo repetiu-se até o 900.000, quando então discutimos que o número de arames no ábaco é limitado pelo tamanho deste, mas que um número pode ter quantas casas forem necessárias.

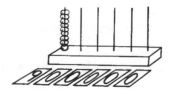

O **valor posicional** dos algarismos é trabalhado intensivamente, pois a cada novo arame e nova casa decimal se observa que os mesmos algarismos, já usados anteriormente, apresentam um novo valor.

A **relação de correspondência um-para-dez**, que é utilizada em nosso sistema de numeração, também é trabalhada de forma intensiva, pois, ao se completarem dez miçangas em um arame, coloca-se novo arame com uma miçanga correspondendo àquelas dez do anterior. Observa-se a todo instante que o algarismo tem um valor dez vezes maior a cada novo arame. A todo instante observa-se também que são necessários apenas dez algarismos, em decorrência da combinação entre valor posicional e relação de correspondência um-para-dez.

Trabalha-se também intensivamente com a utilização de um **símbolo (o zero) para representar a coluna vazia do ábaco**. Isso possibilita diferenciar, na escrita numérica, a posição dos algarismos em um número e em outro. Por exemplo, o algarismo **2** vai mudando de valor à medida que sejam acrescentados zeros à sua direita.

2
20
200

Para o educando que está iniciando o seu aprendizado, é muito importante a compreensão da função do zero. Essa compreensão não é tão automática como pode parecer à primeira vista. Essa dificuldade inicial, de compreensão da função do zero, é um reflexo da própria história da matemática. Civilizações como as dos gregos e dos romanos, que já utilizavam o ábaco, não tinham, em seu sistema de numeração, nenhum símbolo para representar a coluna vazia do ábaco.

Neste exercício, como nos outros, também já existe uma preparação para as fases posteriores do aprendizado. Por exemplo, a cada vez que se chega a dez miçangas em um arame, se retiram essas dez e se coloca uma no novo arame à esquerda. Aí já está se exercitando o procedimento chamado "vai-um", a ser utilizado no algoritmo da adição. A adição é exercitada também através do fato de que vai se adicionando as miçangas de uma em uma e vendo que novo número é formado. Além disso, conforme já foi dito, a disposição dos números na lousa prepara para a futura disposição dos números no algoritmo da adição.

Exercício 2:

Neste exercício os educandos continuaram a utilizar, como material, apenas o ábaco e as cartelas, enquanto eu usei o ábaco grande, as cartelas grandes e a lousa.

As sequências de números deste exercício são as seguintes:

1) 24, 42.
2) 768, 867, 786, 678, 687, 876.
3) 1.593, 1.539, 1.359, 5.931, 9.153, 3.915.

A dinâmica adotada foi a seguinte:

A) Solicitei verbalmente aos educandos que eles representassem em seu ábaco o número 24.

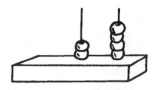

B) Solicitei a alguns que dissessem ao grupo como haviam feito.

Tanto neste exercício como nos outros, procurei fazer com que os educandos desenvolvessem o processo de explicitação do raciocínio por eles feito. Isso é muito importante para que eles estejam exercitando a reflexão sobre a coerência dos raciocínios que utilizam e dos raciocínios utilizados pelos colegas. Procurei mostrar que, nesse momento, o importante não é apenas um resultado correto na representação do número, mas também a aquisição do domínio consciente das operações de raciocínio indispensáveis para a correta representação. Muitas vezes, a análise de um processo que levou a uma resposta errada pode ser um fator que desperta a consciência do educando para cada raciocínio implícito no seu modo de proceder. Porém, nem sempre é possível aos educandos compreenderem o raciocínio de seu colega, ou mesmo expor o seu próprio raciocínio, assim como nem sempre o professor é capaz de compreender o raciocínio do educando e o que o teria levado a raciocinar daquela maneira. É preciso considerar também que essa discussão tem que ser feita dentro de uma determinada direção dada pelo educador, inclusive no que se refere ao tempo utilizado, para que se possa assegurar não só a execução do restante da programação, como também seus objetivos. Tenho procurado formas de atender a esses dois requisitos: o de que a explicitação e análise das operações de raciocínio dos educandos seja uma contribuição ao processo de desenvolver cada vez mais uma direção intencional dessas operações e o requisito de não prejudicar o andamento das outras etapas do ensino. Uma das formas que tenho utilizado é a seguinte: observo o modo como os educandos reagem à questão que lhes é colocada, por exemplo, como procedem para representar o número pedido no ábaco; essa observação me permite selecionar algum que tenha desenvolvido um raciocínio ilustrativo das etapas necessárias ao exercício em questão; solicito que esse educando diga como devo proceder para responder à questão, por exemplo, como representar o número no ábaco; faço com que o educando explique as razões de cada passo por ele sugerido, como se ele tivesse que me "convencer" da validade de cada passo. Isso pode ser feito tanto com aqueles educandos que representaram acertadamente o número, como com aqueles que não chegaram a uma resposta correta.

C) Seguindo essa forma, foi então representado no ábaco o número 24.

D) Solicitei aos educandos que arrumassem as cartelas de acordo com a disposição das miçangas no ábaco.

E) Representei o número com as cartelas grandes, após a análise das representações feitas pelos educandos, com suas cartelas.

F) Escrevi o número na lousa.

G) Passando ao número seguinte, solicitei que eles representassem no ábaco o número 42.

H) Foram repetidos, com esse número, os procedimentos utilizados com o número anterior. Ao escrever o 42 na lousa, escrevi-o debaixo do 24, na seguinte disposição:

24

42

Além do motivo já exposto, de que essa disposição prepara visualmente o educando para a montagem do algoritmo da adição, há também o fato de que assim fica mais fácil para o educando a comparação da posição dos algarismos 2 e 4 nos números 24 e 42.

I) De igual forma foram desenvolvidos os demais itens da sequência. Dei sempre destaque para o fato de que, com as mesmas

37

miçangas e as mesmas cartelas, podem-se representar vários números. Na sequência 3, o algarismo 5, por exemplo, assume valores desde 5 até 5.000, de acordo com a posição que ele ocupe.

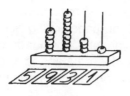

O algarismo 5
com valor 5.000

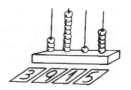

O algarismo 5
com valor 5

Este é um exercício de fixação de princípios já trabalhados anteriormente com os educandos. Através da troca de posição dos algarismos, compõem-se números diferentes, acentuando-se a atenção sobre o princípio do valor posicional. Não foram utilizados números com zero, para que a atenção do educando não se desviasse do valor posicional.

Exercício 3:

Neste exercício, além de representarem os números no ábaco e com as cartelas, os educandos passaram a escrevê-los no caderno. Neste exercício, introduzi com os educandos o uso dos termos unidade, dezena, centena, unidade de milhar, dezena de milhar, centena de milhar. A introdução desses termos foi feita nesse momento, no sentido de contribuir para que os educandos, na hora de escrever os números, tivessem em sua mente a imagem das casas decimais, em correspondência com as colunas do ábaco.

Sequência de números representados:

1) 471, 470, 400, 401, 471.
2) 1.625, 1.025, 1.005, 1.000, 1.020, 1.025, 1.625.
3) 23.584, 23.580, 23.080, 20.080, 20.000, 20.004, 20.504, 20.584, 23.584.

A dinâmica adotada foi a seguinte:

A) Solicitei verbalmente que os educandos representassem o número 471 em seu ábaco.

B) Solicitei que um deles me dissesse como havia procedido.

É interessante notar que o número pode ser representado seguindo-se várias ordens:

— preenchendo os arames da centena para a unidade

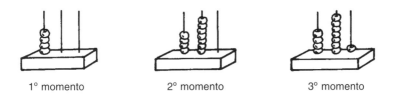

1° momento   2° momento   3° momento

— preenchendo os arames da unidade para a centena

1° momento   2° momento   3° momento

— ou outras ordens além dessas duas, pois, pela propriedade comutativa da adição: 400+70+1 = 1+70+400 = 400+1+70 = 1+400+70 = 70+1+400 = 70+400+1.

As duas primeiras maneiras são as mais utilizadas pelos educandos. Em muitos números fiz a representação seguindo duas diferentes ordens para os educandos verificassem que o resultado não se altera. Isso já é uma forma de trabalhar com a propriedade comutativa da adição, embora ainda não se esteja, nesse momento, estudando especificamente a adição, que é objeto da Segunda Unidade.

C) Representei o número 471 no ábaco grande.

D) Solicitei que os educandos arrumassem as cartelas de acordo com a disposição das miçangas no ábaco.

E) Arrumei as cartelas grandes, pedindo a um dos educandos que fosse me orientando como fazer esse trabalho.

F) Solicitei que eles escrevessem esse número no caderno. Orientei-os para que eles seguissem alguns passos nessa escrita. Primeiro, pensassem em quantos arames tinham sido necessários para representar o número no ábaco, no caso, três: o arame das unidades, o arame das dezenas e o arame das centenas. Segundo, que, em consequência disso, também seriam necessárias essas três casas para se escrever esse número. Terceiro, que eles pensassem qual algarismo ocuparia cada casa e que valor ele assume naquela casa.

Quanto à escrita dos algarismos propriamente dita, obviamente surgem algumas dificuldades nesse momento. Os educandos sentiram então a necessidade de treinar a escrita dos algarismos. Isso foi feito nos dias seguintes, durante dez minutos, no início de cada encontro de trabalho, através de exercícios de caligrafia dos algarismos. Num primeiro momento, ao tomarem, como objeto de análise, os movimentos por eles realizados no ato de escrever os algarismos, verificamos a grande quantidade de movimentos que faziam desnecessariamente. Perceberam também que lhes faltava uma sequência adequada e definida de movimentos que fosse seguida na escrita de cada algarismo, pois a cada vez que iam escrevê-lo adotavam uma sequência ao acaso. Procurei então lhes mostrar que essa mesma dificuldade foi vivida pela humanidade ao longo dos séculos e, aos poucos, foi-se chegando a algumas sequências mais eficazes de movimentos que facilitam a escrita dos algarismos. Os exercícios de caligrafia tornaram-se, assim, para os educandos, não repetições mecânicas de algo de que não se entende as razões, mas um momento de se tornarem sujeitos da própria escrita. Dessa forma, é superada a visão escolanovista, que, ao criticar, com razão, o modo mecânico como eram feitos esses exercícios na escola tradicional, acabou abominando os exercícios de caligrafia, como sendo algo em si mesmo alienante e, portanto, não recuperando a sua função enquanto instrumento de superação de uma necessidade. Apresento abaixo os algarismos com as setas indicando a sequência de movimentos seguida na escrita de cada um. Os exercícios de caligrafia foram elaborados por Rita Ap. B. Pereira (pós-graduanda do Programa de Pós-Graduação em Educação da UFSCar, graduada em Terapia Ocupacional pela UFSCar).

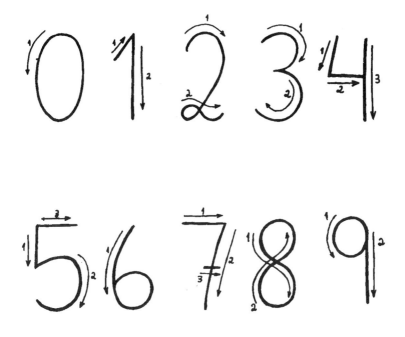

Os algarismos 2, 3 e 8 são em um movimento contínuo, sendo que a seta 2 tem por objetivo apenas orientar melhor o educador no sentido do movimento.

Os algarismos não foram apresentados com essas setas aos educandos. A orientação sobre os movimentos a serem feitos era dada pelo educador, escrevendo vagarosamente o número na lousa, sobre linhas iguais às das folhas de caligrafia, chamando a atenção para cada movimento.

G) Escrevi o número 471 na lousa.

H) Solicitei que os educandos tirassem uma unidade daquele 471 representado no ábaco.

I) Perguntei que número ficara representado agora no ábaco, ao que eles responderam, acertadamente, 470.

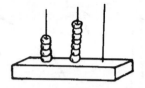

J) Solicitei que eles arrumassem as cartelas para representar corretamente esse número. Novamente foi discutida a necessidade da cartela com o zero, para representar a coluna vazia do ábaco.

K) Fiz o mesmo com as minhas cartelas.

L) Solicitei que eles escrevessem o número no caderno. Foi então discutida a necessidade do zero na casa das unidades.

M) Escrevi, na lousa, o 470, pedindo a um deles que me dissesse como fazer. Escrevi o 470 debaixo do 471.

470

471

N) Solicitei aos educandos que tirassem setenta daquele 470 representado no ábaco.

Foram então repetidos os mesmos procedimentos utilizados com o número anterior. A casa das dezenas e a das unidades estão agora com o zero a ocupar o lugar que antes era ocupado pelo sete e pelo um.

471

470

400

O) Iniciado o movimento oposto, isto é, o de preencher novamente as colunas do ábaco que foram esvaziadas, solicitei aos educandos que acrescentassem, no ábaco, uma unidade àquele quatrocentos ali representado. Foram repetidos os procedimentos já citados.

P) Completando a sequência, solicitei que os educandos acrescentassem setenta ao 401 representado no ábaco, seguindo-se a representação com as cartelas, escrita no caderno etc.

Q) O mesmo foi feito com as sequências 2 e 3 deste exercício, apresentadas anteriormente.

Neste exercício a atenção centra-se na utilização do zero para representar a coluna vazia do ábaco e na relação entre a quantidade de casas do número escrito e de arames necessários para se representar esse número no ábaco.

Para saber a quantidade certa de zeros que é necessária na escrita do número, é preciso saber quais casas decimais estarão ocupadas por outros algarismos. Por exemplo, o número 401. Quando ouvimos alguém pronunciar esse número, nós imediatamente pensamos que na casa das centenas está o **4** e na casa das unidades o **1**, sendo necessário o zero para a casa das dezenas. Dessa forma nós escrevemos 401 assim: 401; e não assim: 4001, como é a maneira usual entre os adultos pouco letrados.

Para levar os educandos a fazerem o mesmo raciocínio, este exercício parte daquilo que é para eles mais fácil, isto é, representar um número sem zeros. O ábaco força-os a representar o 471 assim:

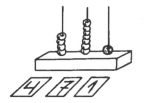

Ao atribuir valor 400 às 4 miçangas da centena, valor 70 às 7 miçangas da dezena e valor 1 a uma da unidade, o próprio educando já está preparando o raciocínio através do qual se conclui que, para representar no ábaco o 401, é só deixar vazio o arame onde estão as 7 miçangas com valor 70.

O esvaziamento dos arames leva-os a utilizarem as cartelas com o zero, em correspondência com os arames vazios. E, na hora de escrever, procurei fazer com que eles estabelecessem uma correspondência mental entre as casas decimais e os arames do ábaco; e, também, que eles colocassem o **4** na casa das centenas da mesma forma que colocaram quatro miçangas no terceiro arame à esquerda; o 1 na unidade e o zero na casa restante, que é a dezena. Um dos educandos, ao escrever o número 1.005, disse que antes escrevia esse número da seguinte forma: 10005. Mas, agora, ele sabe que são necessários só quatro arames para fazer esse número no ábaco, bem como quatro casas para escrevê-lo: que na unidade vai o **5**, na unidade de milhar o **1**, sendo necessário apenas dois zeros, um para a dezena e outro para a centena.

43

Quanto à preparação para as fases posteriores, este exercício, ao trabalhar com os movimentos opostos de preencher, esvaziar e preencher novamente os arames, está preparando os educandos para a relação entre a adição e a subtração enquanto operações opostas.

Exercício 4:

Neste exercício os educandos já não utilizaram as cartelas, representando os números apenas no ábaco e escrevendo-os no caderno.

Sequências de números representados:

1) 2.300, 2.030, 2.003, 3.002, 3.200, 3.020.
2) 40.200, 42.000, 40.002, 40.020, 20.004, 24.000, 20.400, 20.040.

A dinâmica adotada foi a seguinte:

A) Solicitei, verbalmente, aos educandos que representassem o número 2.300 no seu ábaco.

B) Representei o mesmo número no meu ábaco, solicitando que um deles "me orientasse" nessa tarefa, sempre perguntando pelos motivos de cada procedimento indicado pelo educando.

C) Solicitei que eles escrevessem esse número no seu caderno.

D) Escrevi o número na lousa, novamente "orientado" por um deles.

E) Procedi de forma idêntica com os outros números da sequência 1 e, depois, com os números da sequência 2 deste exercício.

No exercício 2 trabalhou-se com a troca de posição dos algarismos, centrando a atenção no valor posicional; no exercício 3 trabalhou-se com o esvaziamento e preenchimento dos arames do ábaco, centrando a atenção no zero; e, neste exercício 4, trabalha-se simultaneamente com a troca de posição e com o zero.

Exercício 5:

Neste exercício, os educandos escreveram os números no caderno, depois de imaginar como ficaria a disposição das miçangas nos arames do ábaco.

Sequência de números representados:

582, 706, 390, 6.241, 8.067, 1.601, 35.948, 50.043.

A dinâmica adotada foi a seguinte:

A) Os educandos tinham sobre sua mesa a madeira do ábaco, os arames e o caderno. Não foram utilizadas as miçangas. Combinamos que eu diria um número, eles imaginariam quantos arames seriam necessários para representar aquele número. Colocariam essa quantia de arames no ábaco e guardariam na cabeça quantas miçangas iriam em cada arame. Comecei dizendo o número 582.

B) Cada educando colocou no seu ábaco quantos arames julgou serem necessários. Pedi que alguns deles dissessem por que julgavam necessária a quantidade de arames por eles colocada e quantas miçangas iriam em cada um daqueles arames.

C) A seguir solicitei que eles escrevessem aquele número pensando em quantas casas seriam necessárias.

D) Solicitei que um educando me dissesse quantas casas eu usaria para escrever aquele número na lousa, e qual algarismo iria em cada casa.

E) Os mesmos procedimentos foram utilizados com os outros números dessa sequência.

Este exercício procura levar os educandos a "terem o ábaco na cabeça", como eles mesmos dizem.

3. Analisando alguns pontos

Procurarei, a seguir, desenvolver uma pequena reflexão sobre quais objetivos estariam norteando a relação entre o conteúdo trabalhado com os educandos na Primeira Unidade e a forma como esse conteúdo foi trabalhado.

O objetivo desta metodologia de ensino é o de contribuir para que a matemática se torne, para o educando adulto, um instrumento de busca de superação da atual realidade social.

Isso implica que o ensino de matemática não pode basear-se numa concepção que considere o conhecimento matemático desvinculado das necessidades sociais. A concepção condizente com aquele objetivo terá de ser aquela que fundamente a criação do conhecimento matemático no trabalho social. Procurei explicitar tal concepção subjacente a este trabalho, quando citei anteriormente (vide Terceiro Passo) um trecho do livro **Ciência e existência**, de Alvaro Vieira Pinto.

Como traduzir essa concepção no fazer pedagógico?

O ponto de partida veio das experiências já vividas pelos educandos, de recriação de formas de registro. Trata-se do seguinte: a partir da busca de superação da necessidade de registro, esses indivíduos desenvolveram, ao longo de suas vidas, formas próprias de registro. Já estava, pois, colocada, em sua prática, a relação entre a matemática e as necessidades sociais. Mas tal relação não é necessariamente consciente para os educandos, inclusive porque eles não consideram aquelas suas formas de registro como sendo do conhecimento matemático. Se essa relação entre conhecimento matemático e necessidades sociais já estava colocada na prática do educando, caberia ao educador direcionar essa relação no sentido do desenvolvimento do conhecimento matemático dos educandos, inclusive levando-os a perceberem que aquelas suas formas de registro também fazem parte do conhecimento matemático, na medida em que foram incorporadas por formas de registro mais desenvolvidas, como o ábaco e o sistema de numeração.

Para levar os educandos a recriarem o ábaco como forma de registro que supera por incorporação as formas de registro individuais, fiz com que eles utilizassem os dedos para registrar contagens. A partir desse registro nos dedos surge a relação de correspondência um-para-dez e essa relação leva à criação do ábaco e do sistema de numeração.

A utilização da relação de correspondência um-para-dez teve seu início forçado pela própria quantidade de dedos das mãos humanas. O objetivo de registrar a contagem encontrou aí uma limitação. Mas essa limitação levou à criação de um instrumento de raciocínio, a relação um-para-dez. A utilização desse instrumento de raciocínio levou à criação de uma forma de registro aperfeiçoada, como é o caso do ábaco. Aquilo que era uma limitação tornou-se ponto de partida para a criação de um raciocínio que levou o homem a ser capaz de registrar com tanta facilidade quantidades como 900.000 (vide exercício 1 do

Sétimo Passo). Em outras palavras: a limitação, o obstáculo, levou o homem à criação de um instrumento (a relação 1-10). O homem, enquanto sujeito desse instrumento, passou a explorá-lo racionalmente, para dele tirar o maior proveito possível, chegando assim a estágios bastante desenvolvidos de formas de registro, como são o ábaco e o sistema de numeração.

A recriação do ábaco, com os educandos, a partir do uso das mãos, levou os educandos a vivenciarem concretamente aquela limitação: a quantidade de dedos das duas mãos. O reconhecimento da existência dessa limitação, porém, não foi encarado como um empecilho que seria um motivo para abandonar o objetivo de registrar, mas como uma situação que exigia o aperfeiçoamento daquele instrumento, criando-se, com isso, um passo mais avançado do conhecimento. Os educandos compreenderam que esse aperfeiçoamento, surgido do uso intencional de uma limitação, foi o que possibilitou alcançar, com pleno êxito, o objetivo de registrar contagens, através do ábaco.

Esse exercício realizado com os educandos em sala de aula não traduz apenas o processo de criação e desenvolvimento da matemática, mas traduz a essência de toda prática humana intencional de transformação das condições existentes.

Resumindo: uma necessidade (a necessidade de registro) levou à utilização dos dedos e esta utilização encontrou um obstáculo (a limitação de dez dedos); a busca de superação dessa limitação levou à criação de uma operação de raciocínio (a relação um-para-dez) e esta levou à criação de uma forma de registro bastante eficiente, que é o ábaco, gerando o alcance do objetivo almejado.

Mas o processo não para por aí. As ideias nascem da prática humana, são reflexos da realidade, mas possuem relativa autonomia. Isto é, as ideias podem gerar novas ideias, novos raciocínios, criação de novos instrumentos, que servirão para superar novas necessidades. Como diz Vieira Pinto:

"Se por um lado a natureza domina a razão, pois a cria e lhe dá os conteúdos ideativos originais, os dados do saber e as categorias que os sistematizam, por outro lado deve-se dizer que a razão domina a natureza porque se vale das ideias que representam adequadamente as propriedades das coisas para alterar os processos de interação entre estas, penetrar na profundidade dos fenômenos, produzir objetos e reações artificiais, e sobretudo para violar a dependência em que o pensamento de início se encontra da relação estrita de simples apreensão dos dados naturais imediatos, o que tem lugar mediante a criação de novas ideias a partir das já criadas" (Pinto, 1979: 69).

O modo imediatista de perceber esse fenômeno da criação de ideias a partir de ideias faz com que "as Matemáticas apareçam, no pensamento ingênuo, desprevenido, como se fossem independentes de um fundamento objetivo material" (Pinto, 1979: 228).

O ábaco, que surgiu da necessidade de registro, já traz em si os germes da solução de novas necessidades: a de somar e a de subtrair os resultados de contagens já realizadas. Por exemplo: quando representamos o 471 no ábaco, é como se estivéssemos somando os resultados de três contagens, 400 + 70 + 1. E aí já está implícito o movimento oposto, isto é, a subtração, conforme foi feito com os educandos no exercício 3 do Sétimo Passo da Primeira Unidade.

O ábaco, uma criação do pensamento humano, surgido de uma necessidade colocada pela prática, traz implícitos em si alguns princípios e propriedades. A exploração desses princípios e propriedades contidos no ábaco traz a possibilidade de criação de novos instrumentos, que são os algoritmos da adição e da subtração, que são objeto da Segunda Unidade.

A exploração dos movimentos opostos de preencher e esvaziar os arames dos ábacos já mostra a relação entre a adição e a subtração, isto é, a relação de operações inversas entre si. E essas duas operações foram trabalhadas na Segunda Unidade, através da exploração dessa relação a partir do próprio desenvolvimento da Primeira Unidade.

SEGUNDA UNIDADE:
Desenvolvendo no ábaco e por escrito o cálculo com as operações de adição e subtração enquanto inversas entre si

1. Pressupostos pedagógico-matemáticos

A sequência de passos dessa Segunda Unidade baseou-se em dois pressupostos pedagógico-matemáticos: 1) o cálculo no ábaco como uma das etapas mais importantes do processo histórico que gerou o cálculo escrito pode ser uma etapa igualmente importante no processo ensino-aprendizagem desse cálculo escrito; 2) a relação entre a adição e a subtração enquanto operações inversas entre si[1] é de fundamental importância para o processo ensino-aprendizagem dessas operações.

A seguir descrevo esses dois pressupostos.

Primeiro pressuposto pedagógico-matemático:

O cálculo no ábaco, como uma das etapas mais importantes no processo histórico que gerou o cálculo escrito, pode ser uma

---

1. Normalmente, a adição, a multiplicação e a potenciação são chamadas **operações diretas**, enquanto que a subtração, a divisão e a radiciação são chamadas **operações inversas**. Neste texto utilizarei o termo **operações inversas** para designar a relação entre a adição e a subtração, na medida em que uma é inversa à outra, isto é, a subtração é inversa à adição e esta é inversa àquela.

etapa igualmente importante no processo ensino-aprendizagem desse cálculo escrito.

Os gregos e os romanos possuíam sistemas de numeração impróprios para o cálculo escrito. Calcular era uma tarefa quase que totalmente dependente do ábaco e a escrita era utilizada apenas para o registro das operações realizadas e dos resultados obtidos.

Os hindus possibilitaram o desenvolvimento de um sistema de numeração que, depois, foi difundido pelos árabes e que, em essência, é o sistema utilizado atualmente em nossa sociedade. Tal sistema de numeração incorpora os mesmos princípios do ábaco e isso possibilita que realizemos os cálculos por escrito com uma facilidade desconhecida para os gregos e os romanos.

Hogben (1946: 52 e 310) explica:

"O novo vocabulário numeral dos hindus permitiu executar no papel as operações efetuadas no ábaco e de maneira semelhante (...) Efetuar mentalmente, ou 'de cabeça', na linguagem da fisiologia moderna, significa que o cérebro recebe, das pequenas variações de tensão dos músculos da órbita e dos dedos (órgãos de contagem), a mesma sequência de mensagens nervosas que acompanham o trabalho no ábaco. Por exemplo, 'vão dois' quer dizer que esgotamos por duas vezes as contas de uma coluna e temos, pois, de colocar duas contas na coluna vizinha da esquerda, para nos lembrarmos do fato. Isto só é possível, porque o emprego do 0 (zero) ou sunya, para representar a coluna vazia, faz o número de algarismos igual ao número de colunas do ábaco".

Assim como na história da humanidade o sistema de numeração hindu-arábico permitiu realizar por escrito adições e subtrações seguindo os mesmos princípios do cálculo que se fazia no ábaco, a aprendizagem do cálculo escrito pode apoiar-se no cálculo através desse instrumento, possibilitando ao educando a compreensão da origem de cada procedimento operatório.

O leitor compreenderá melhor como isso se dá pelo exemplo a seguir.

Para representar no ábaco, por exemplo, o número 231, utilizam-se três colunas. A primeira coluna da direita teria uma conta; a segunda coluna, três contas, com cada uma correspondendo a dez da primeira coluna; e, a terceira coluna, da direita para a esquerda, teria duas contas, com cada uma correspondendo a dez da segunda e, consequentemente, cem da primeira.

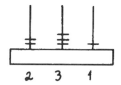

Em nosso sistema de numeração esse número é escrito assim: 231. O algarismo 2, pela sua posição, assume um valor correspondente a 2 centenas ou 20 dezenas ou ainda 200 unidades; o algarismo 3 assume um valor correspondente a 3 dezenas ou 30 unidades e o algarismo 1 assume um valor correspondente a uma unidade.

Como se pode notar, seja no ábaco ou seja através do sistema de numeração, são utilizados o princípio de valor posicional e a relação de crrespondência um-para-dez. Isso mostra que o sistema de enumeração e o ábaco baseiam-se nos mesmos princípios.

Vejamos agora algumas das consequências disso no que diz respeito ao cálculo escrito. Se adicionarmos nove unidades ao número tomado como exemplo, obteremos um total de dez contas na coluna das unidades.

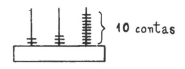

Com base na relação de correspondência um-para-dez e no valor posicional, retiramos essas dez contas da coluna das unidades e, correspondendo a essas dez, é adicionada uma conta às da coluna das dezenas.

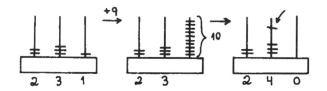

51

Eis aí a justificativa do procedimento chamado "vai-um" do algoritmo da adição.

```
                           1            1
  231                     231          231
    9  +   →   9 + 1 = 10   →    9  +   →    9 +
              "vai-um"            0          240
```

O mesmo ocorre com o oposto do "vai-um", que é o "empresta-um".

Se de 240 queremos subtrair nove unidades, retiramos uma conta da coluna das dezenas e a trocamos por dez, que são colocadas na coluna das unidades.

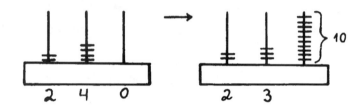

Dessas dez, podemos então subtrair as nove unidades.

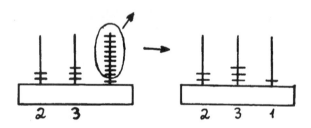

É o que acontece no algoritmo da subtração:

```
                                      3 10        3 10
  240            troca-se uma dezena  240         240
    9  −    →   por dez unidades   →    9  −        9  −
                                                   231
```

Como se pode ver, o ábaco mostra, de uma forma bastante visível, as origens dos procedimentos operatórios da adição e da subtração e mostra, ainda, aquilo que é o segundo pressuposto pedagógico-matemático dessa unidade, ou seja, a importância, da relação entre as operações inversas entre si no processo ensino-aprendizagem.

Segundo pressuposto pedagógico-matemático:

A relação entre a adição e a subtração, enquanto operações inversas entre si, é de fundamental importância para o processo de ensino-aprendizagem dessas operações.

Já mostrei acima que procedimentos operatórios como o "vai-um" e o "empresta-um" nada mais são do que o mesmo movimento com sentidos opostos. É, pois, de fundamental importância, para o domínio do cálculo escrito, a compreensão dessa relação entre operações inversas entre si.

Além dessa importância para o cálculo, existe a importância para o raciocínio de um modo geral do educando. Piaget chama a isso de reversibilidade do raciocínio. Vejamos como ele descreve ausência desse tipo de raciocínio:

> "Pensar de maneira irreversível, é não saber passar de uma destas operações para a outra, é, portanto, em poucas palavras, não saber manejar as operações como tais: é substituir um mecanismo operatório móvel e de direção dupla pelas percepções estáticas e sucessivas de estados que é impossível sincronizar e, consequentemente, conciliar" (Piaget, 1975: 247).

Essa relação entre a adição e a subtração enquanto operações inversas entre si já vinha sendo trabalhada desde a Primeira Unidade através de certos exercícios de representação de números no ábaco. (Vide página 44.)

É por considerar tão importante essa relação entre operações inversas entre si que não concordo com a proposta de outros trabalhos, nos quais se ensina primeiramente a adição e a multiplicação (vide Nicolai, 1984: 10; Lamparelli, 1984: 11).

2. Sequência de passos

Apresento, a seguir, a sequência de passos seguidos na Segunda Unidade. Nessa sequência procurei com que os educandos captassem, através do seu fazer, aqueles pressupostos descritos acima. Uma observação: o tempo requerido para percorrer, com os educandos, cada passo da sequência descrita abaixo, é variável de acordo com as características próprias de cada situação (como horas diárias disponíveis, período fixado para o trabalho de ensino, ritmo de aprendizagem dos educandos etc.).

PRIMEIRO PASSO:
Adição e subtração no ábaco
(sem "vai-um" e sem "empresta-um").

Material utilizado: dois ábacos para cada educando e para o professor.

Neste passo os educandos realizaram uma série de adições e subtrações com o auxílio de dois ábacos. Não escreveram as operações no caderno e elas também não foram escritas na lousa. O objetivo desse passo foi desenvolver o domínio dos movimentos (das mãos e do cérebro) contidos na realização de adições e subtrações no ábaco, como forma de preparar para a realização de operações por escrito. Fiz com que os educandos trabalhassem com dois ábacos, para que no início da adição ficassem registradas as duas parcelas a serem somadas. Trabalhando-se apenas com um ábaco, e não estando escritas as parcelas a serem somadas e/ou subtraídas, os educandos teriam de guardá-las de memória durante toda a operação, o que poderia dificultar o cálculo.

Foi dada grande atenção à relação de oposição entre as duas operações. Após a realização de cada adição era realizada a sua oposta, a subtração.

As propriedades das operações foram trabalhadas de forma empírica. Por exemplo, na adição 24 + 35, a propriedade comutativa (a ordem das parcelas não altera a soma), pode ser trabalhada adotando-se diferentes ordens para realizar a adição e constatando-se que o resultado não se altera.

Para dar uma ideia da dinâmica adotada neste passo descrevo como realizei, com os educandos, as operações:

$$35 + 24 = 59$$
$$59 - 24 = 35$$

A) Solicitei aos educandos que representassem num ábaco o número 24.

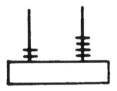

B) Solicitei que representassem em outro o número 35.

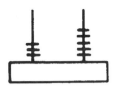

C) Solicitei que colocassem os ábacos alinhados da seguinte maneira:

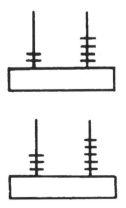

Orientei para que a coluna das unidades de um ábaco ficasse alinhada à coluna das unidades de outro (o mesmo com a das dezenas). Isso é importante, pois prepara para a futura montagem do algoritmo.

D) Solicitei que eles "juntassem" aquelas quantidades em um ábaco só.

E) Após todos terem realizado a operação, solicitei que um deles dissesse como tinha feito. Aproveitei essa ocasião para ir representando no meu ábaco grande, colocado de frente para os educandos, as parcelas e realizando a adição. Depois repeti a operação, somando em outra ordem, para trabalhar com a propriedade comutativa da adição.

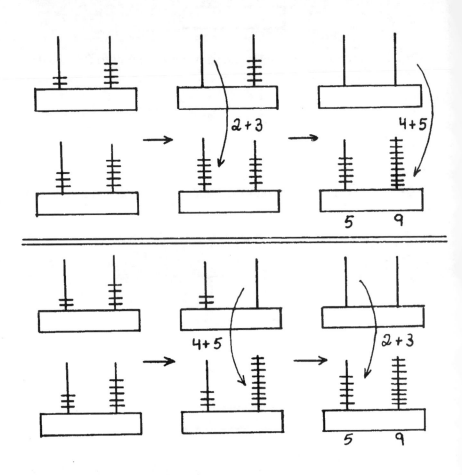

F) Num dos ábacos estava, portanto, representado o número 59. Para a realização da operação oposta, solicitei que os educandos tirassem 24 desse 59, colocando o 24 no ábaco que havia ficado vazio e verificando quanto restará no outro ábaco.

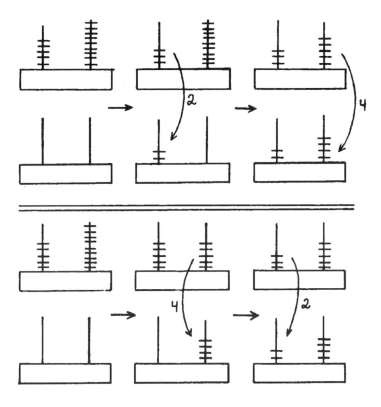

Dessa maneira ficou bastante acentuada a relação entre as operações de adição e subtração. A seguir listo algumas das adições e subtrações realizadas neste passo:

1) 43 + 5   2) 90 + 6   3) 21 + 32   4) 143 + 6
   48 − 5   96 − 6   53 − 32   149 − 6
5) 201 + 50   6) 462 + 26   7) 602 + 111
   251 − 50   488 − 26   713 − 111
              8) 1.021 + 142   9) 20.043 + 6.362
                 1.163 − 142   26.765 − 6.362

Esse momento também é aproveitado para dar continuidade aos exercícios de representação de números (no ábaco) realizados na Primeira Unidade. Esse é o motivo pelo qual utilizei números com várias casas decimais e vários números com zero.

Como pode ser visto nesses nove exercícios listados, era realizada, após cada adição, pelo menos uma subtração, enquanto movimento oposto dessa adição. Na medida em que os educandos já estejam dominando essa relação entre as operações inversas, pode-se realizar uma segunda subtração. Por exemplo, no exercício 9, além da subtração 26.765 − 6.362, realiza-se a subtração 26.765 − 20.403.

SEGUNDO PASSO:
Adição e subtração (operações no ábaco e escrita das operações na forma horizontal)

Neste passo foram combinados os sinais de +, − e = (depois descreverei como isso foi feito) e as adições e subtrações passaram a ser escritas na lousa (pelo professor) e no caderno (pelos educandos).

A escrita teve, neste passo, a função de apenas registrar as operações a serem realizadas ou já realizadas. Não teve ainda, nesse momento, a função de servir aos cálculos. Estes foram realizados no ábaco.

Para a introdução dos sinais, procurei salientar a função dos mesmos na comunicação escrita e a necessidade de padronização dos símbolos matemáticos também em função dessa comunicação. A dinâmica adotada para isso foi a seguinte:

A) Combinei com os educandos que iria escrever um número na lousa, sendo que nem eu nem eles leríamos o número em voz alta e cada um teria que representar aquele número no ábaco. O número escrito na lousa foi 63. Sua representação no ábaco é a seguinte:

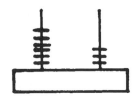

B) Após todos terem feito a representação no seu ábaco, pedi que eles dissessem que número era aquele e representei o número no ábaco grande, aproveitando a oportunidade para fazer com que os que erraram explicitassem e analisassem seu raciocínio.

C) Escrevi outro número, à direita do 63, conservando um intervalo (para posterior colocação do sinal +). Foi combinado que também esse número não seria, num primeiro momento, lido em voz alta, e cada um o representaria num segundo ábaco. Esse segundo número foi 22. Na lousa, os dois números ficaram dispostos da seguinte maneira:

63   22

D) Após todos terem terminado, representei o 22 num segundo ábaco grande.

E) Solicitei que os educandos alinhassem as colunas dos ábacos e juntassem as duas quantidades num ábaco só.

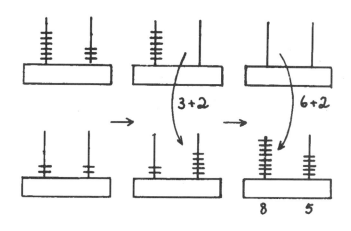

F) Fiz a adição nos ábacos grandes e escrevi o resultado na lousa, deixando um espaço para a colocação do sinal =.

63   22   85

G) Expliquei, então, que, assim como escrever os números 63 e 22 na lousa, havia possibilitado que eles fossem representados no ábaco sem necessidade de comunicação oral, havia também a necessidade de se utilizar alguma forma de comunicar, por escrito, "o que era para fazer com aqueles números". Perguntei se algum deles conhecia o sinal que é utilizado para se somar os números e eles sugeriram vários tipos de sinais. Expliquei então que, em princípio, não seria errado adotar algum daqueles sinais, na medida em que isso é uma questão de convenção, isto é, de se combinar um sinal comum a todos. O sinal em si mesmo não é certo nem errado. O que faz com que seja errado adotarmos qualquer sinal para as operações de adição e de subtração é a necessidade de comunicação. Por essa necessidade é que utilizamos, para a adição, o sinal +, já convencionado. Expliquei ainda que esse sinal não foi sempre utilizado e que outros sinais foram adotados em outras épocas.[2] Expliquei que quando esse sinal apareceu ele era escrito assim:

Com o tempo ele foi simplificado para a forma que hoje utilizamos. Com isso procurei mostrar que os símbolos matemáticos não têm aquela dimensão quase mágica que muitas pessoas lhes atribuem, mas são resultado de uma necessidade concreta de comunicação.

A seguir escrevi o sinal entre o 63 e o 22:

$$63 + 22 \quad 85$$

Só faltava combinar um sinal para mostrar que o 85 era resultado daquela adição. Introduzi o sinal =.

$$63 + 22 = 85$$

H) Solicitei que eles escrevessem essa expressão matemática no caderno. Orientei para que o sinal + fosse feito o mais corretamente possível, para não gerar, depois, confusão com o sinal × (multiplicação). Esse detalhe pode parecer insignificante, mas sendo o sinal um instrumento de comunicação, escrevê-lo incorretamente prejudica a eficácia desse instrumento. Alguns educadores poderão considerar "autoritária" tal atitude. Ela seria autoritária se fosse uma imposição

---

2. Sobre a evolução dos sinais, vide Dantzig (1970: 78-9), Malba Tahan (1983: 29-36).

sem significado, que o educando tivesse que aceitar sem compreender os motivos. Mas, na medida em que se procura mostrar a necessidade que gera a utilização do sinal, de maneira nenhuma pode ser considerado "autoritarismo" insistir para que os educandos façam o sinal corretamente.

I) Procedimentos análogos àqueles anteriormente expostos foram utilizados com a subtração 85 – 22 = 63.

Essa linguagem escrita foi então exercitada com a realização de várias adições e subtrações. Eu escrevia na lousa a operação a ser realizada, eles a escreviam no caderno, realizavam-na no ábaco e escreviam o resultado no caderno.

Eis algumas das operações realizadas:

1) 604 + 2
   606 – 2

2) 525 + 34
   559 – 34

3) 1.023 + 136
   1.159 – 136

4) 24.001 + 5.697
   29.698 – 5.697

No item 4, ao invés de escrever a operação na lousa, eu a ditei, para que eles a anotassem no caderno e a seguir a resolvessem no ábaco. A função disso é a de exercitar a relação entre o que se fala e o que se escreve com os sinais matemáticos.

TERCEIRO PASSO:
Adição e subtração (ábaco, algoritmos e dedos)

Neste passo a escrita passou a ser utilizada para o cálculo. Já tendo sido treinados no ábaco os movimentos de raciocínio necessários aos algoritmos de adição e subtração e já tendo sido introduzida parte da simbologia, tornou-se bastante simples a introdução dos algoritmos.

Além da utilização do ábaco para auxiliar a compreensão do cálculo pelo algoritmo, também utilizei com os educandos o procedimento de contar nos dedos. Esse procedimento tem a função de auxiliar o educando quando ele ainda não memorizou os fatos básicos da adição. Fatos básicos são as adições de duas parcelas, em que as parcelas têm apenas uma casa decimal, isto é, as parcelas vão de zero a nove. Sua memorização é importante para a agilidade nos cálculos. Neste terceiro passo a memorização dos fatos básicos ainda não foi exercitada intensivamente, porque entendo que ela se faz com muito mais eficiência quando os educandos já estão realizando adições através dos algoritmos, ainda que utilizando meios auxiliares, como a contagem nos dedos. A memorização dos fatos básicos mostra-se então para o educando como uma necessidade para o aperfeiçoamento do cálculo. De forma alguma considero desnecessária a memorização no aprendizado da matemática. Mas entendo que ela deva ser percebida pelo educando enquanto uma **necessidade decorrente de um processo**.

A escola tradicional não errou ao utilizar a memorização, errou ao torná-la um procedimento desvinculado das necessidades que o geraram. A escola nova, tentando superar essa falha, acabou por cair em outro unilateralismo: a abominação da memorização e do treino, que passaram a ser considerados desnecessários e repressivos.

A compreensão e o treino (que visa a memorização, a automatização) não podem ser vistos separadamente no processo de aprendizagem. Quando o educando está resolvendo uma adição utilizando-se dos dedos e do ábaco, isso está ao mesmo tempo desenvolvendo sua compreensão do algoritmo e treinando-o na memorização dos fatos básicos. Evidentemente que, em alguns momentos, dá-se maior destaque à compreensão e em outros ao treino. Mas, quando se procura compreender algo, isso está contribuindo para o seu treino e, quando se treina algo, isso está contribuindo para uma compreensão maior e mais segura. O treino será tão mais eficiente quanto mais se compreender o que se está treinando. E se compreenderá com muito mais profundidade e facilidade aquilo que foi bem treinado.

Embora o procedimento de contar nos dedos não fosse estritamente necessário neste passo, pois o ábaco já é suficiente para o auxílio nos cálculos, utilizei os dedos com os educandos como uma maneira de prepará-los pára o quarto passo, em que o ábaco não é utilizado.

A dinâmica adotada para a introdução dos algoritmos foi a seguinte:

A) Solicitei oralmente aos educandos que escrevessem a adição 53 + 24 na forma introduzida no passo anterior, isto é, horizontalmente.

B) Após todos terem anotado tal adição nos seus cadernos, escrevi-a na lousa, solicitando a um dos educandos que me fosse "orientando" na escrita dos números e do sinal.

C) Solicitei que eles representassem cada um daqueles números em um ábaco, depois alinhassem as colunas e então juntassem as duas quantias em um só.

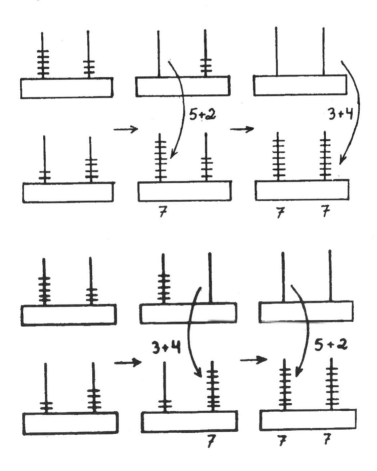

D) Fiz a operação com os ábacos grandes.
E) Solicitei que colocassem o sinal de igualdade e o resultado.
F) Após todos terem feito, fiz o mesmo na lousa:

53 + 24 = 77

G) Então expliquei que iríamos "armar" a mesma conta na forma vertical. Esvaziei os dois ábacos grandes e num deles representei o número 53. Escrevi depois esse número na lousa.

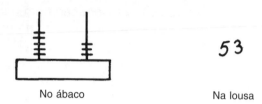

No ábaco   Na lousa

No outro ábaco representei o número 24, coloquei-o com as colunas alinhadas com as do primeiro ábaco e escrevi o número 24 debaixo do 53. Chamei a atenção para o fato de que, da mesma maneira como vínhamos colocando as colunas dos ábacos alinhadas, também na escrita colocaríamos as casas decimais alinhadas, para facilitar o cálculo:

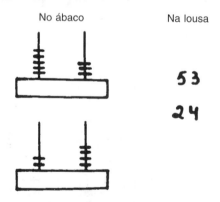

Como o sinal já era conhecido, coloquei-o ao lado dos números.

53
+ 24

Mostrei, na conta escrita horizontalmente, o sinal =, e perguntei se alguns deles teriam alguma ideia de como se costuma fazer na forma vertical. Deram várias sugestões, algumas bastante válidas como:

$$\begin{array}{r} 53 \\ + \ 24 \\ = \end{array}$$

Expliquei que tal modo de escrever não seria errado, mas, como não é utilizado em nossa sociedade, ele não cumpre a função de comunicação. Coloquei então o traço utilizado costumeiramente:

$$\begin{array}{r} 53 \\ + \ \underline{24} \\ \end{array}$$

Juntei as contas das colunas das dezenas num só ábaco.

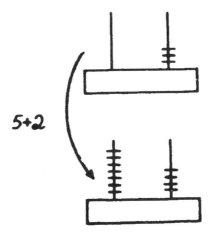

Apontando, no algoritmo já armado, a adição 5 + 2, fiz a adição, agora nos dedos, e escrevi o sete na coluna das dezenas.

$$\begin{array}{r} 53 \\ + \ \underline{24} \\ 7 \end{array}$$

Expliquei que, no ábaco, quando se somam as duas parcelas, elas somem e fica apenas o resultado, sendo que quando se resolve a conta por escrito as parcelas continuam registradas e se escreve abaixo o resultado. Expliquei ainda que o sete foi escrito na direção do cinco e do dois para ficar mais fácil de perceber que ele está na mesma casa.

Somei, então, no ábaco, as unidades:

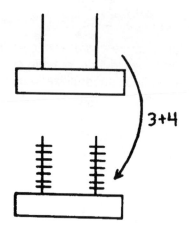

Fiz o mesmo com os dedos e no algoritmo:

$$\begin{array}{r} 53 \\ + \ 24 \\ \hline 77 \end{array}$$

Depois fiz a mesma operação começando pela casa das unidades. Expliquei que o resultado não se altera se começarmos por uma casa ou por outra, mas que mais para a frente iriam surgir casos em que fica mais fácil, quando se opera por escrito, iniciar pelas unidades. Essa situação se deu quando, num dos passos posteriores, surgiu a adição com vai-um, em que é possível operar-se por escrito começando pela casa das dezenas, ou das centenas etc., mas fica mais fácil começando pelas unidades. No ábaco isso não acontece.

Procedimentos análogos foram adotados para montar o algoritmo da subtração:

$$\begin{array}{r} 77 \\ - \ 24 \\ \hline \end{array}$$

Darei, a seguir, uma série de adições e subtrações que foram realizadas com os educandos:

1) 214   257   2) 1.042   1.396
    43 +   43 −   354 +   354 −
3) 2.503   2.935   4) 6.045   9.649
    432 +   432 −   3.604 +   3.604 −
           5) 26.032   36.747
               10.715 +   10.715 −

A dinâmica adotada para cada conta dessas foi a seguinte:
a) Eu escrevia a conta na lousa, na forma vertical.
b) Os educadores as resolviam no ábaco. c) Eles armavam o algoritmo.
d) Resolviam a conta, por escrito, usando os dedos, se necessário.
e) Eu a resolvia nos ábacos grandes e na lousa (usando os dedos).

QUARTO PASSO:
Adição com vai-um e subtração com empresta-um

Neste passo, mais do que nunca, ficaram salientadas a importância do ábaco para se compreender o cálculo escrito e a importância de se trabalhar a relação entre as operações inversas.

Iniciei este passo assim:

A) Solicitei que os educandos representassem num ábaco o número 24 e noutro o número 6.

B) Solicitei que alinhassem suas colunas e realizassem a adição. Surgiu então a questão de se chegar a dez contas na coluna das unidades. Facilmente foi recordado pelos próprios educandos que uma conta da coluna das dezenas corresponde a dez da coluna das unidades e, então, foram retiradas as dez contas e colocada uma na coluna das dezenas.

Armei o algoritmo na lousa e fui resolvendo-o ao mesmo tempo que operava no ábaco. Fiz a conta tanto começando pelas dezenas quanto começando pelas unidades, para mostrar que as duas maneiras são possíveis, mas que, começando pelas unidades, fica mais fácil, quando se opera por escrito.

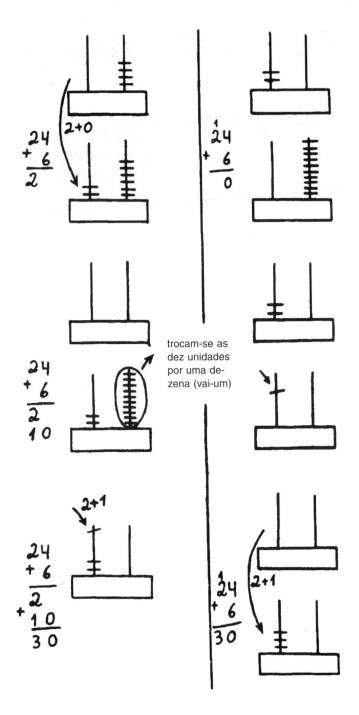

Como se pode observar, no ábaco é indiferente somar começando pelas dezenas ou pelas unidades. No caso do cálculo **escrito**, não é errado começar pelas dezenas, mas é mais prático começar pelas unidades, principalmente em contas em que as parcelas vão até as casas de unidade de milhar, dezena de milhar etc.

C) A seguir, apaguei o algoritmo escrito na lousa e solicitei que os educandos fizessem essa conta em seus cadernos.

Fiz, com os educandos, a operação inversa da seguinte forma:

A) Estando representado o número trinta em um ábaco, solicitei que os educandos tirassem seis desses trinta, para colocar no outro ábaco, que se encontrava vazio.

B) Nessa operação, de início, eles encontraram alguma dificuldade, pois não sabiam como tirar seis daqueles trinta (representados por três dezenas).

Desenvolvi então, com os educandos, uma conversa semelhante à descrita abaixo:

— Quanto tem na coluna das unidades?

Nada (zero).

— Quanto tem na coluna das dezenas?

Três.

— Cada bolinha dessa vale por quantas das unidades?

Por dez.

— De onde vamos tirar seis?

Das unidades não dá porque a coluna está vazia.

Das dezenas também não dá porque cada uma vale dez e tirando uma já passa de seis.

— Naquela conta que fizemos antes, o que aconteceu quando juntamos seis bolinhas com quatro bolinhas aqui nas unidades?

Somamos dez bolinhas. Tiramos as dez e colocamos uma nas dezenas.

— E se agora nós fizermos o caminho de volta, isto é, quisermos tirar aqueles seis que colocamos?

Tiramos uma das dezenas, trocamos ela por dez que colocamos na coluna das unidades. Dessas dez tiramos as seis e ainda sobram quatro nessa coluna.

Depois que essa subtração foi feita no ábaco, armei o algoritmo na lousa e operei utilizando simultaneamente o ábaco, os dedos e o algoritmo.

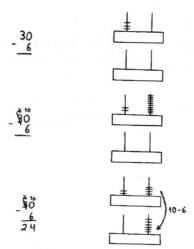

A seguir, darei uma lista de algumas adições e subtrações que foram realizadas com os educandos nesse passo:

1)	62	70	2)	57	63
	8 +	8 −		6 +	6 −
3)	85	94	4)	48	73
	9 +	9 −		25 +	25 −
5)	647	832	6)	537	635
	185 +	185 −		98 +	98 −
7)	73	122	8)	303	362
	49 +	49 −		59 +	59 −
9)	1.874	2.256	10)	125	192
	409 +	409 −		67 +	67 −
11)	58	125	12)	307	1.161
	67 +	67 −		854 +	854 −
13)	235	1.142			
	907 +	907 −			

Vejamos, por exemplo, o exercício nº 3 dessa lista: 85 + 9 e 94 − 9.

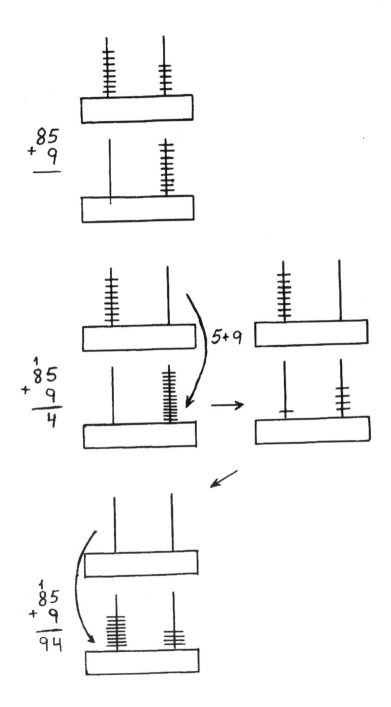

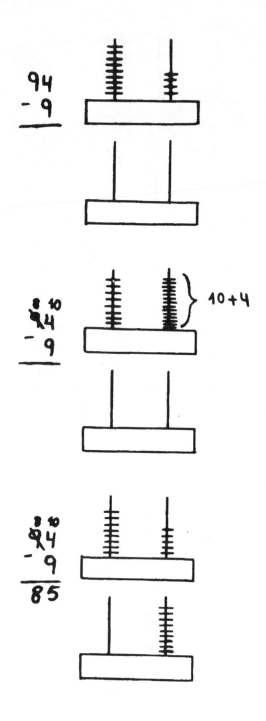

A importância dos pequenos números colocados acima do algoritmo está no fato de que ali, assim como no ábaco, estão exteriorizados os raciocínios implícitos na resolução da conta. Existe entre algumas pessoas o preconceito de que colocar esses números acima da conta é sinal de pouca inteligência, pois demonstraria que a pessoa não é capaz de guardar de memória. Considero esse preconceito muito prejudicial, pois aqueles números, além de facilitarem a compreensão dos raciocínios implícitos no algoritmo, possibilitam ao educando a checagem de onde ele poderia ter errado na resolução da conta e possibilitam também uma certa segurança indispensável para quem está aprendendo.

QUINTO PASSO:
Adição com três ou mais parcelas.
Subtração com "empresta-um" indireto

Neste passo o objetivo principal foi a realização de certos tipos de adições e subtrações considerados difíceis. Os educandos não utilizaram o ábaco neste passo, na medida em que o objetivo principal era o de treinar o máximo possível os procedimentos do cálculo escrito. No entanto, para não se perder de vista a compreensão desses procedimentos (após os educandos terem resolvido cada conta), eu a resolvia utilizando simultaneamente o ábaco, os dedos e o algoritmo escrito na lousa. A introdução de adições de três ou mais parcelas se deu da seguinte forma:

A) Escrevi, na lousa, na forma horizontal, a seguinte adição:

$$201 + 364 + 705$$

B) Solicitei, então, que eles armassem a conta na forma vertical ("em pé") e a resolvessem. Devo esclarecer que, quando solicito aos educandos que armem uma conta e a resolvam, fico percorrendo a sala para verificar como cada um está fazendo. Quando vejo que algum está fazendo algo errado, procuro formular perguntas que façam com que ele analise os passos do próprio raciocínio e verifique onde e por que errou.

Evito, o máximo possível, dar a resposta ao educando, sem que ele tenha compreendido o que aconteceu. As vezes, quando vejo que, por diversos fatores (nervosismo, esquecimento etc.), algum dos educandos não consegue chegar à resposta certa a uma pergunta, então dou a resposta para ele não ficar na dúvida, mas procuro detalhar todos os passos que me levaram àquela resposta. Evidentemente que isso é preciso ser feito dentro do tempo disponível. Por vezes é necessário dar a resposta a algum educando que ficou mais para trás, sem que ele tenha compreendido totalmente o raciocínio realizado naquela questão específica, para não atrasar demais a programação. Depois, nos outros exercícios, procuro fazer com que esse educando compreenda o que ele não compreendeu no exercício anterior.

C) Após os educandos terem resolvido a conta, armei-a na lousa e a resolvi utilizando simultaneamente um ábaco, os dedos e o algoritmo.

Somando as unidades:

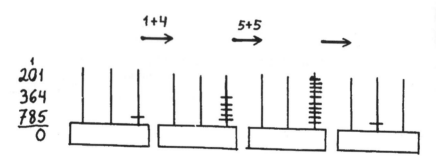

Somando as dezenas:

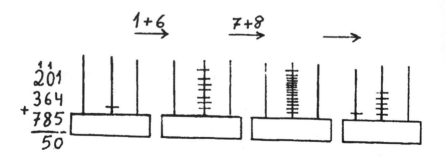

Somando as centenas:

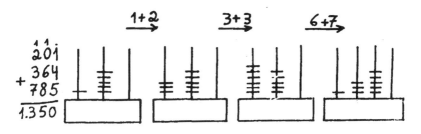

A seguir listarei algumas das adições desse tipo realizadas com os educandos:

1) 1.063 + 22 + 978
2) 15.047 + 67.898 + 8.175
3) 6.937 + 4.098 + 976

Quanto às subtrações deste passo, iniciei-as da seguinte maneira:

A) Armei, na lousa, a seguinte subtração:

$$200$$
$$27 -$$

B) Fui resolvendo essa subtração utilizando o ábaco, os dedos e o algoritmo, e desenvolvendo, com os educandos, uma conversa semelhante à descrita abaixo:

— Dá para tirar sete da coluna das unidades?
 Não, ela está vazia.
— Para quem a unidade pede emprestado?
 Para a dezena, mas ela também está vazia.
— E para quem a dezena pede emprestado?
 Para a centena.
— Quanto tem na coluna da centena?
— Duas.
— Se tirarmos uma das centenas, quantas teremos que colocar nas dezenas?
— Dez.

Fiz esse movimento no ábaco e no algoritmo.

— E agora? A dezena já pode emprestar para a unidade?

Pode. É só tirar uma dezena e colocar dez bolinhas na coluna das unidades.

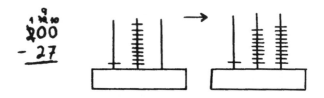

— Tirando sete das unidades, quanto sobra?
Três.

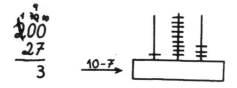

— Quanto temos na coluna das dezenas?
Nove.
— Tirando dois, quanto sobra?
Sete.

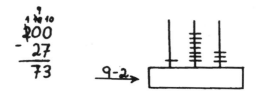

— Quanto ficou na coluna das centenas?
Um.

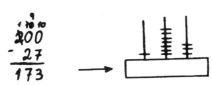

Listo, abaixo, algumas das subtrações desse tipo realizadas com os educandos:

1) 300 − 94
2) 600 − 148
3) 4.000 − 136
4) 6.000 − 231
5) 2.000 − 683

SEXTO PASSO:
Tabuada da adição (memorização dos fatos básicos da adição)

As adições do quinto passo (adições de várias parcelas) mostram que fica mais fácil calcular quando se conhecem de cor os fatos básicos da adição. O uso dos dedos pode ser um bom recurso para auxiliar nessa memorização, ao contrário do que muitos pensam. À medida que o educando vai adquirindo habilidade no cálculo através do uso dos dedos, isso vai tendo uma certa influência positiva no sentido da memorização dos fatos básicos da adição.

Para auxiliar ainda mais essa memorização, este sexto passo concentra-se no estudo da tabuada da adição.

Inicialmente fizemos essa tabuada usando a forma horizontal de escrita. Especial destaque foi dado tanto à tabuada do zero como ao fato de se iniciar toda tabuada com uma das parcelas sendo zero. Considero isso importante para dar continuidade aquele trabalho iniciado na Primeira Unidade, de levar o educando a superar a dificuldade inicial em trabalhar com o zero.

A seguir a tabuada da adição foi montada em uma tabela. Procurei fazer com que os educandos preenchessem essa tabela aleatoriamente, isto é, preenchendo o resultado de cada quadradinho sem seguir a ordem das colunas ou das linhas. A seguir apresento os dois modelos de tabuada de adição utilizados:

FORMA HORIZONTAL:

0 + 0 = 0   1 + 0 = 1 ..... 9 + 0 = 9
0 + 1 = 1   1 + 1 = 2 ..... 9 + 1 = 10
0 + 2 = 2   1 + 2 = 3 ..... 9 + 2 = 11
   .   .   .
   .   .   .
   .   .   .
0 + 9 = 9   1 + 9 = 10 ..... 9 + 9 = 18

TABELA:

+	0	1	2	...
0	0	1	2	
1	1	2	3	
2	2	3	4	
⋮				

3. Analisando alguns pontos

Numa mesa-redonda realizada por ocasião da VIII Reunião Anual da ANPED (PUC-SP, maio de 1985), tive a oportunidade de debater o trabalho da Primeira Unidade e uma primeira versão deste texto sobre a Segunda Unidade.

Dois dos pontos levantados nesse debate foram: a) eu teria trabalhado apenas a compreensão e o domínio da técnica operatória e não teria trabalhado a disponibilidade para as operações, isto é, não teria dado condições ao educando de identificar as situações da vida cotidiana em que essas operações são necessárias; b) que, em consequência disso, o educando seria levado a saber calcular, mas não saberia onde e quando utilizar essa ferramenta.

Essas questões estão ligadas à da relação entre teoria e prática. Vejamos: na Primeira Unidade deste trabalho, o ábaco e o sistema de numeração surgiram como uma resposta, em nível teórico, a certas necessidades práticas. Esses dois "instrumentos teóricos" (o ábaco e o sistema de numeração) já continham em si os germens de novos "instrumentos teóricos", isto é, os algoritmos de adição e subtração. Isso possibilitou que, nessa Segunda Unidade, fosse desenvolvido um conhecimento matemático a partir daquele já adquirido anteriormente, sem que fosse necessário fazer, a todo momento, uma ligação direta com necessidades práticas. No processo realizado na Segunda Unidade, ideias foram sendo geradas a partir de ideias que, na Primeira Unidade, estavam diretamente ligadas a objetos e situações concretas. Isso ocorre bastante com a matemática, em que o surgimento de novas teorias muitas vezes se dá movido pelas próprias teorias já existentes, sem a intervenção direta de uma necessidade prática imediata.

Como diz Vieira Pinto (1979: 69):

"O conhecimento das operações entre as ideias adquire interesse pelo rendimento que produz enquanto instrumento, organon ou método, para descobrir novas propriedades dos corpos, novas leis dos fenômenos e sistematizar os seres em forma racional. Este propósito é cumprido a tal ponto que se faz possível a antecipação do pensamento à realidade, representada pela invenção de objetos, máquinas, dispositivos e a previsão dos acontecimentos, o que vem a ser o domínio da natureza pela razão humana. Se por um lado a natureza domina a razão, pois a cria e lhe dá os conteúdos ideativos originais, os dados do saber e as categorias que os sistematizam, por outro lado deve-se dizer que a razão domina a natureza porque se vale das ideias que representam adequadamente as propriedades das coisas para alterar os processos de interação entre estas, penetrar na profundidade dos fenômenos, produzir objetos e reações artificiais, e sobretudo **para violar a dependência que o pensamento de início se se encontra da relação estrita de simples apreensão dos dados materiais imediatos, o que tem lugar mediante a criação de novas ideias a partir das já criadas**" (grifos nossos).

Ou, ainda, como diz Vazques (1968: 233, 238 e 239):

"(...) as relações entre teoria e prática não podem ser encaradas de maneira simplista e mecânica, isto é, como se toda teoria se baseasse de modo direto e imediato na prática (...). O conhecimento de certa legalidade do objeto permite, com efeito, prever determinadas tendências de seu desenvolvimento e, desse modo, antecipar com um modelo ideal uma fase de seu desenvolvimento ainda não alcançada. Ao produzir esse modelo ideal, a teoria evidencia sua relativa autonomia, já que sem esperar que se opere um desenvolvimnto real, efetivo, pode propiciar uma prática inexistente ao antecipar-se idealmente a ela. **Sem esse desenvolvimento autônomo de seu próprio conteúdo, a teoria seria, no máximo, mera expressão de uma prática existente, e não poderia cumprir, ela mesma, como instrumento teórico, uma função prática**" (grifos nossos).

É, portanto, necessário que o processo de aprendizagem da matemática desenvolva essa capacidade de se trabalhar com níveis cada vez maiores de abstração. Evidentemente, é também necessário tomar os devidos cuidados para que não se caia numa distorção própria da concepção que diz que o conhecimento matemático não tem nada a ver com a realidade cotidiana.

Trabalhar com as técnicas operatórias da adição e da subtração num nível mais abstrato, sem necessariamente fazer, a cada pequeno momento, a ligação direta com fatos da realidade cotidiana, não levou os educandos adultos, que participaram dessa experiência, a deixarem de ter a disponibilidade para essas operações. No dia a dia desses participantes, essas operações estão tão presentes, que, cada conta realizada em sala de aula tinha para eles uma significação muito grande, sem necessidade de que eu os remetesse a uma situação prática. Os educandos adultos com quem trabalhei nessa experiência, mesmo antes de dominarem a técnica operatória do cálculo escrito, já sabiam, pela sua própria experiência de vida, para que servem a adição e a subtração.

Um outro ponto levantado foi o de que eu teria conduzido os educandos ao domínio das técnicas operatórias de uma forma paternalista, dizendo como eles deveriam agir, como deveriam, por exemplo, colocar os ábacos, depois fazendo no meu ábaco, não dando assim chance aos educandos de se depararem com obstáculos cuja superação os levasse a recriar a técnica operatória. Eu estaria entregando a eles um conhecimento pronto e acabado sem que eles fossem sujeitos da sua aprendizagem.

Pretendo, em textos a serem ainda elaborados, explorar minuciosamente essa questão da recriação. Fornecerei aqui apenas alguns dos elementos mais significativos, que já possibilitam uma primeira abordagem.

A recriação precisa ser um processo **muito bem dirigido**, onde sejam fornecidas pelo professor as condições básicas que possibilitem ao educando chegar ao domínio do conhecimento necessário dentro do tempo disponível. Dito de outro modo: para que o educando possa recriar algo no seu processo de aprendizagem, é imprescindível programar condições concretas que viabilizem esse recriar num espaço relativamente reduzido de tempo, que é aquele previsto para as atividades escolares. Deixar o educando "à solta", sem certas condições e procedimentos básicos para um recriar, não possibilita (a não ser em casos excepcionais e por outras razões) a recriação do conhecimento. O educando adulto, pela experiência de vida que tem, intui a necessidade dessas condições e, por vezes, chega a expressá-la. A elaboração e sistematização dessas condições básicas do processo ensino-aprendizagem não pode ser confundida com atos de paternalismo, autoritarismo ou imposição. Essa confusão, no entanto, tem sido feita frequentemente, inclusive por educadores que têm se dedicado a desenvolver uma ação pedagógica mais consistente. É preciso compreender que o momento em que o educando se depara com uma dificuldade e reconhece a necessidade de superá-la, é um momento importante no processo de recriação do conhecimento humano. Este processo, porém, não se reduz a esse momento. É imprescindível, como foi dito, possibilitar determinadas condições básicas para que o educando não retroceda com a indefinição em que, de repente, se vê envolvido, e concentrar sua atenção naquilo que é essencial, naquele momento, para a recriação do processo de raciocínio que a humanidade criou através dos séculos.

Por exemplo: para que os educandos redescobrissem os vários procedimentos da técnica operatória da adição, solicitei que eles representassem um número em cada ábaco; depois colocassem os dois ábacos numa posição tal que as colunas ficassem alinhadas e depois juntassem as duas quantidades num ábaco só. Nesse momento, cada um juntava à sua maneira. Vejamos por que eu pedia que eles alinhassem as colunas dos ábacos. Não fornecendo esse tipo de condição, os educandos poderiam ver-se prejudicados pela disposição espacial dos ábacos na mesa e isso desviaria sua atenção do principal, naquele momento, que eram os procedimentos operatórios da adição. Isso não é paternalismo, não é autoritarismo, não é imposição, mas é identificar tanto as condições em que o educando se encontra naquele processo, quanto discernir o que ele precisa fazer sozinho, bem como em que ele precisa ser orientado. E ainda: o ato de realizar no ábaco grande a operação proposta não é um momento de imposição do modo de fazer do professor. É um momento que leva os educandos a uma reflexão sobre o modo como cada um tinha feito a operação no seu ábaco e sobre os porquês dos erros e dos acertos. Vejamos: eu sempre pedia que algum dos educandos dissesse como ele achava que eu deveria fazer no ábaco grande e depois ia questionando as razões de cada procedimento. Esse era, inclusive, um momento de repensar todo o processo que fizeram individualmente nos seus ábacos.

Um quarto ponto levantado foi o da relação entre o cálculo mental utilizado pelo alfabetizando adulto na sua vida cotidiana e o cálculo escrito ensinado na escola. Eu teria deixado de trabalhar, na Segunda Unidade, o cálculo mental dos educandos, ensinando-lhes técnicas operatórias do cálculo escrito que poderiam ser muito diferentes do modo como aqueles educandos já calculavam mentalmente. E isso estaria significando uma justaposição de um conhecimento a outro.

Pretendo também analisar detalhadamente essa relação, entre o cálculo mental e o escrito, em outro texto a ser elaborado. Por hora quero apenas dizer: a) que, ao efetuar uma operação no ábaco, o educando já está manifestando como ele calcula mentalmente e inclusive compreendendo melhor esse seu cálculo mental; b) que, quando ele compreende que os fundamentos de uma técnica operatória do cálculo escrito são os mesmo fundamentos de uma técnica diferente utilizada no cálculo mental, uma coisa não lhe aparece como justaposta à outra; c) e, além disso, o educando adulto **precisa** aprender a técnica operatória mais utilizada na sociedade em que ele vive, por uma questão de comunicação. Ele **precisa dominar** o instrumento vigente na sociedade letrada onde vive. Possibilitar-lhe esse domínio é uma das funções da democratização do saber sistematizado.

TERCEIRA UNIDADE:
Dominando a multiplicação e a divisão

Introdução

Nesta Terceira Unidade três relações foram destacadas: 1) a relação entre a multiplicação e a adição (a multiplicação enquanto uma adição de parcelas iguais); 2) a relação entre a divisão e a subtração (a divisão enquanto uma subtração de parcelas iguais); 3) a relação entre a multiplicação e a divisão (operações inversas entre si).

Essas três relações foram exploradas através do próprio trabalho de aquisição do domínio das técnicas operatórias de multiplicação e divisão. Procurei superar a concepção, bastante difundida, segundo a qual é necessário trabalhar primeiramente a compreensão do conceito da operação e depois o domínio da técnica operatória.

Vejamos um exemplo: o ensino da multiplicação. O conceito de multiplicação é o de uma adição de parcelas iguais e o ensino da técnica operatória da multiplicação pode ser desenvolvido de maneira tal que se torne um momento de compreensão do conceito de multiplicação e, ao mesmo tempo, essa compreensão do conceito aumente o domínio da técnica operatória. O leitor poderá ver no primeiro passo da sequência desta Terceira Unidade, no item 9, que a resolução concomitante de uma adição de sete parcelas iguais e a correspondente multiplicação foi um dos momentos em que se desenvolveu tanto

83

o domínio da técnica operatória quanto a compreensão do conceito de multiplicação.

Muitas propostas metodológicas de ensino de matemática para educandos adultos se veem diante do dilema de privilegiar **ou** a compreensão do conceito **ou** o domínio da técnica operatória. E acabam por justapor uma coisa à outra. Por exemplo:

> "Na escolha da linha metodológica, a questão se colocava assim: criar um material que introduzisse e fixasse conceitos matemáticos ou um material que treinasse a aplicação de técnicas operatórias (...). O que importa é que os educandos antes de entrarem na técnica da adição, elaborem o conceito dessa operação (...). Uma vez entendido o significado da multiplicação, como adição simplificada de parcelas iguais, enfrentam-se dificuldades em relação à técnica operatória" (Cedi, 1984: 41, 44 e 46).

Na verdade, esse é um falso dilema, que acaba levando muitos educadores a verem o domínio da técnica operatória como sendo uma habilidade puramente mecânica. Ora, o domínio da técnica operatória só se realiza na sua plenitude quando for fruto de um processo em que foi estabelecida uma interação entre a compreensão e o treino. Por outro lado, os conceitos matemáticos só são compreendidos plenamente se forem concretizados num domínio da técnica operatória.

Aquele dilema leva também algumas propostas metodológicas a buscarem saída, para ele, através da utilização de certas situações extremamente simplificadas, onde se estaria introduzindo o conceito da operação.

Por exemplo:

> "Para fixar a noção de multiplicação, você poderá trabalhar esta página com seus alunos, criando algumas situações-problema. Para a primeira coluna, você poderá apresentar o seguinte: Dona Maria foi à feira, comprou peras e agrupou-as da seguinte maneira: 2 peras para João, 2 peras para Carlos, 2 peras para Joana, 2 peras para Antonia. Quantas peras Dona Maria comprou?" (Mobral, 1984: 68).

Esse tipo de situação-problema apresenta um inconveniente: o educando adulto, embora possa não saber formalizar seu raciocínio, dispõe de um certo conhecimento matemático, por mais precário que seja, e, além disso, quando se chega ao ensino da multiplicação, o educando já domina adições mais complexas do que 2 + 2 + 2 + 2 e resolverá essa adição com tanta facilidade que inexistirá a situação-problema. Com isso, ele não verá a nenecessidade de se transformar essa adição numa multiplicação. Essa necessidade torna-se mais evidente em adições com mais parcelas e de parcelas maiores, onde o algoritmo da adição torna-se incômodo (vide o primeiro item do primeiro passo desta unidade). Aquela situação-problema (2 + 2 + 2 + 2), que teria por objetivo introduzir o conceito da operação de maneira simples, acaba colocando o educando adulto numa situação embaraçosa, por vezes até humilhante, onde ele não compreende o que leva o seu professor a fazer-lhe perguntas desse tipo.

É muito mais produtivo trabalhar a compreensão do conceito da operação através do trabalho que leva ao domínio da técnica operatória. E, se não bastassem todos esses motivos, existe ainda o de que, dessa maneira, utiliza-se o tempo (que seria gasto com atividades puramente de "compreensão de conceitos") em garantir que o educando adulto domine realmente (isto é, compreendendo e sendo capaz de executar adequadamente) as técnicas operatórias. E, por certo, isso contribuirá para diminuir o índice de evasão dos programas de alfabetização.

Cabe ainda, nesta introdução à Terceira Unidade, dar uma explicação sobre as diferenças existentes entre a Segunda e a Terceira Unidades, no que se refere ao trabalho com a relação entre as operações inversas entre si.

Na Segunda Unidade, a adição e a subtração foram sendo, desde o início, trabalhadas concomitantemente. Nesta Terceira Unidade, antes de trabalhar a relação entre a multiplicação e a divisão enquanto inversas entre si, fiz com que os educandos adquirissem um domínio inicial de cada uma das duas operações de per si. Nos quatro primeiros passos, trabalhei com os educandos o domínio inicial da multiplicação. No quinto passo, até o item 6, foi trabalhado o domínio inicial da divisão. Daí em diante, até o final da Terceira Unidade, já foi possível explorar a relação entre as duas operações enquanto inversas entre si.

Os motivos que me levaram, nesta unidade, a seguir essa sequência foram:

— a multiplicação e a divisão situam-se, do ponto de vista pedagógico, num nível diferente daquele da adição e da subtração. Estas duas últimas são operações mais imediatamente acessíveis à compreensão do educando. Pode-se dizer que são operações mais "concretas". Já a multiplicação e a divisão são operações construídas com o objetivo de facilitar o cálculo de casos particulares de adição e subtração. O que existe concretamente são os atos de se adicionar e/ou subtrair parcelas iguais. É com o objetivo de facilitar o processo de cálculo que o pensamento humano organiza esses atos em operações mentais como a multiplicação e a divisão. Estando a multiplicação e a divisão num nível mais "abstrato" do que a adição e a subtração, optei por trabalhar cuidadosamente a passagem para esse nível através da relação entre a adição e a multiplicação, como forma de preparar uma base segura para o trabalho com a relação entre a multiplicação e a divisão. Não se trata, portanto, de contrariar o pressuposto, adotado na Segunda Unidade, de que o aprendizado das operações será mais efetivo se tiver por base a relação de operações inversas entre si. Trata-se de fornecer as condições prévias para que esse pressuposto seja trabalhado com os educandos;

— a relação entre a técnica operatória da multiplicação e a técnica operatória da divisão é diferente da relação entre a técnica operatória da adição e a da subtração. No caso da adição e da subtração, a técnica operatória de uma é composta dos mesmos procedimentos que a da outra, só que em sentidos opostos. Já no caso da multiplicação e da divisão, os procedimentos da técnica operatória de uma são diferentes dos procedimentos da técnica operatória da outra. Por isso, na Segunda Unidade, foi possível estabelecer um paralelo entre a técnica operatória propriamente dita da adição e a da subtração e na Terceira Unidade não foi estabelecido o paralelo entre a técnica operatória propriamente dita da multiplicação e a da divisão;

— a técnica operatória da multiplicação e a da divisão estão num nível de maior complexidade do que o das técnicas operatórias da adição e da subtração. Por esse motivo, só após ter sido alcançado um domínio inicial, pelos educandos, da técnica operatória da multiplicação, é que passei para a da divisão.

Completa-se, portanto, nessa unidade, o quadro das relações entre as quatro operações, que poderia ser esquematizado assim:

A seguir, apresento a sequência desta Terceira Unidade.

1. Sequência de passos

PRIMEIRO PASSO:
A multiplicação enquanto adição de parcelas iguais

A) Para exemplificar uma situação onde surge a adição de várias parcelas iguais, eu disse aos educandos que imaginássemos uma compra, num supermercado, de sete pacotes de algum produto, com um preço de 1.111 para cada pacote. Realizamos então a adição (os educandos em seus cadernos e eu, depois, na lousa), para saber o total a pagar pela compra.

$$\begin{array}{r} 1.111 \\ 1.111 \\ 1.111 \\ +\,1.111 \\ 1.111 \\ 1.111 \\ \underline{1.111} \\ 7.777 \end{array}$$

O fato de ser uma adição de sete parcelas já torna incômoda a própria escrita e os educandos manifestaram isso através de brincadeiras como: "mas por que você não comprou só dois pacotes?", "estou cansado de fazer tanto 1 (um)" etc. Isso mostrou a necessidade de um algoritmo menos trabalhoso para esses casos de adições de várias parcelas iguais. Disse a eles que era justamente isso que iríamos "montar" agora: uma maneira mais curta, mais abreviada, mais "econômica" de fazer a mesma conta.

B) Escrevi a adição na lousa, na forma horizontal:

1.111+1.111+1.111+1.111 + 1.111 + 1.111 +1.111 = 7.777

C) Chamei atenção para o fato de que o 1.111 havia sido escrito **sete vezes** nessa conta.

D) Disse então que há uma maneira de se dizer que havíamos somado 7 **vezes** o 1.111. A explicação foi, mais ou menos a seguinte:

— Bem, o sete nós já sabemos escrever (escrevi o sete na lousa).

— O 1.111 também (escrevi o 1.111 deixando espaço para o sinal).

7   1.111

— Falta agora algum sinal para ficar bem explicado que pegamos sete **vezes** o 1.111. Falta alguma coisa para representar essa palavra **vezes**. Alguém conhece o sinal que se costuma usar no lugar da palavra **vezes**? (ninguém conhecia o sinal. Coloquei-o na lousa).

7 x 1.111

E) Interrompi um pouco o raciocínio sobre a multiplicação, para chamar a atenção sobre a diferença de escrita entre o sinal x (vezes) e o sinal + (mais). Tracei uma linha na lousa e mostrei que o sinal + é como se fosse um pedaço de pau fincado no chão "no prumo" (perpendicular ao chão), e outro pregado na sua metade, "no nível" (paralelo ao chão).

Aproveitei a mesma linha e mostrei que no sinal x é como se os dois paus estivessem inclinados, fincados no chão e cruzando na metade.

Mostrei a necessidade de se "caprichar" bem na escrita do sinal +, não inclinando-o, para não confundir com o sinal x.

Sinal + escrito de forma errada, levando a confundir com o sinal x.

Em outra oportunidade eles fizeram um exercício de caligrafia em que treinaram a escrita do sinal + e do sinal x, para dominarem a diferença entre eles. (Os exercícios de caligrafia deste trabalho foram todos elaborados por Rita Ap. B. Pereira, graduada em terapia ocupacional pela UFSCar e mestranda em educação pela UFSCar. Vide Pereira, 1985.)

F) Lembrei então o sinal =, já conhecido, e coloquei o resultado, para "completar o recado".

$$7 \times 1.111 = 7777$$

G) Os educandos escreveram, em seus cadernos, essa adição na forma horizontal e abaixo dela a multiplicação, também na forma horizontal.

$$1.111 + 1.111 + 1.111 + 1.111 + 1.111 + 1.111 + 1.111 = 7.777$$
$$7 \times 1.111 = 7.777$$

H) A próxima etapa foi "montar" o algoritmo da multiplicação, comparando-o com o da adição.

```
    1.111          1.111
    1.111           x 7
    1.111          7.777
+   1.111
    1.111
    1.111
    1.111
    7.777
```

I) Resolvi então, na lousa, os dois algoritmos concomitantemente, começando pelas unidades.

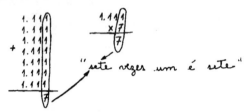

"sete vezes um é sete"

E assim por diante, até a unidade de milhar.

J) Aproveitei a oportunidade para exercitar a subtração e disse que, agora, teríamos que descobrir quanto receberíamos de troco se déssemos uma nota de 10.000.

```
   9 9 9
  ⁹10 10 10 10
  10.000
-  7.777
   2.223
```

K) Desenvolvi todos esses procedimentos novamente, com uma "compra de quatro pacotes a 2.121 cada pacote", com o objetivo de fixar melhor o que havia sido aprendido.

2.121 + 2.121 + 2.121 + 2.121 =
4 × 2.121 =

```
   2.121         2.121            ⁹ 9 9
   2.121          x 4           ⁹10 10 10 10
+  2.121         8.484          10.000
   2.121                       - 8.484
   8.484                         1.516
```

SEGUNDO PASSO:
Correspondência entre o "vai-um" na adição e na multiplicação

A) Ainda aproveitando a situação de compra de vários pacotes de um mesmo produto, armamos a seguinte adição:

```
    3.213
    3.213
  + 3.213
    3.213
    3.213
    3.213
```

B) Antes que a resolvêssemos, armamos a multiplicação correspondente.

```
    3.213              3.213
    3.213            ×     6
  + 3.213            ───────
    3.213
    3.213
    3.213
```

C) Fui apontando cada três da coluna das unidades na adição e perguntando:

— Se temos uma vez o três, quanto dá?
Três.

```
    3.213 ←
    3.213
  + 3.213
    3.213
    3.213
    3.213
```

91

— Se temos duas vezes o três, quanto dá?
Seis.

$$\begin{array}{r} 3.213 \\ 3.213 \\ 3.213 \\ +\,3.213 \\ 3.213 \\ 3.213 \\ \hline \end{array}$$

E assim por diante, até 6 × 3 = 18 ("vai-um").

$$\begin{array}{r} \overset{1}{3.213} \\ 3.213 \\ 3.213 \\ +\,3.213 \\ 3.213 \\ 3.213 \\ \hline 8 \end{array}$$

D) No algoritmo da multiplicação:

$$\begin{array}{r} 3.2\overset{1}{1}3 \\ \times\,6 \\ \hline 8 \end{array} \qquad 6 \times 3 = 18 \;\; ''\text{VAI UM}''$$

Nesse momento os educandos perceberam que o "vai-um" da multiplicação é igual ao da adição. Isso é importante não só em termos de domínio da técnica operatória da multiplicação, como também em termos de compreensão da relação entre as duas operações, pois, quando o educando percebe que o "vai-um" que ele domina na adição é o mesmo que na multiplicação, torna-se mais viva para ele a noção de que a multiplicação nada mais é do que uma forma de se organizar certo tipo de adição (a de parcelas iguais). Trata-se de um momento onde a compreensão de um procedimento da técnica operatória aprofunda a compreensão do conceito da operação.

E) Os educandos armaram os dois algoritmos no caderno e terminaram a resolução dos dois.

F) Para exercitar a subtração, pedi que eles calculassem quanto seria o troco se pagassem a compra com uma nota de 50.000.

$$\begin{array}{r} {\scriptstyle 4\,\overset{9}{\cancel{10}}\,\overset{9}{\cancel{10}}\,\overset{9}{\cancel{10}}\,{}_{10}} \\ 50.000 \\ -\ 19.278 \\ \hline 30.722 \end{array}$$

G) Repeti todos esses procedimentos (**a**, **b**, **c**, **d** e **e**) com a multiplicação 8 × 97. Dessa vez imaginamos que fossem oito pilhas de algum objeto, com 97 em cada pilha.

$$\begin{array}{r} 97 \\ 97 \\ 97 \\ 97 \\ +\ 97 \\ 97 \\ 97 \\ 97 \\ \hline \end{array} \qquad \begin{array}{r} 97 \\ \times 8 \\ \hline \end{array}$$

No momento da adição das dezenas, orientei para que os educandos somassem de baixo para cima, pois assim seriam somadas primeiramente as parcelas de 9 e só então somados os 5 que foram para a dezena. Isso foi feito porque, além de ser esse o procedimento utilizado no algoritmo da multiplicação, a soma de nove em nove já vai preparando para a montagem da tabuada de multiplicação.

TERCEIRO PASSO:
Montagem da tabuada de multiplicação

A) Seguindo os procedimentos dos passos anteriores, realizamos:

$$\begin{array}{r} {\scriptstyle 2\,2} \\ 123 \\ 123 \\ 123 \\ 123 \\ +\ 123 \\ 123 \\ 123 \\ 123 \\ 123 \\ \hline 1.107 \end{array} \qquad \begin{array}{r} {\scriptstyle 2\,2} \\ 123 \\ \times 9 \\ \hline 1.107 \end{array}$$

93

B) Discuti com os educandos que na hora de efetuar a multiplicação fica muito mais fácil se já soubermos de cor que nove parcelas de três dá 27, sem precisar ficar somando de três em três. E que, por isso, iríamos agora montar a tabuada da multiplicação, para podermos decorar esses resultados.

C) Coloquei seis daquelas contas utilizadas no ábaco, na mesa, em dois montes com três contas em cada um.

D) Perguntei quantos montes de três eu tinha naquela mesa.
Dois.
E) Escrevi então na lousa:

$$2 \times 3$$

F) Perguntei quanto dava somando os dois montes.
Seis.
G) Escrevi o resultado na lousa:

$$2 \times 3 = 6$$

H) Tirei um dos montes da mesa e perguntei o que restara ali.
Um monte de três bolinhas.
I) Escrevi 1 × 3 na lousa, acima do que havia sido escrito antes.

$$1 \times 3$$
$$2 \times 3 = 6$$

J) Perguntei quanto dava agora, ao todo.
Três.

$$1 \times 3 = 3$$
$$2 \times 3 = 6$$

K) Tirei o monte restante de cima da mesa e perguntei quantos montes de três bolinhas tínhamos agora sobre a mesa.
Nenhum.

L) Expliquei que teria o mesmo significado dizer-se que não havia nenhum monte de três bolinhas sobre a mesa e dizer-se que havia **zero** montes de três bolinhas sobre a mesa. Escrevi na lousa:

$$0 \times 3$$
$$1 \times 3 = 3$$
$$2 \times 3 = 6$$

M) Perguntei quanto dava ao todo.
Zero.

$$0 \times 3 = 0$$
$$1 \times 3 = 3$$
$$2 \times 3 = 6$$

Não comecei a tabuada pelo 0 × 3 porque seria de difícil compreensão para os educandos. Seguindo o processo que começa por uma multiplicação de fácil visualização e fazendo o educando compreender o mecanismo de montagem da tabuada, torna-se mais compreensível a multiplicação por zero. Essa atenção para com o zero foi constante durante as três unidades. Isso não é um cuidado excessivo, porque o zero, para o educando adulto, é como se fosse um sinal de perigo e tal concepção pode ser superada fazendo com que o educando compreenda a função do zero e domine o seu uso nas quatro operações.

N) Orientei para que eles escrevessem essas multiplicações em seus cadernos.

O) Coloquei então três montes de três contas cada um sobre a mesa.

P) Perguntei quantas vezes três tínhamos ali na mesa.
Três vezes.

Q) Escrevi na lousa:

$$0 \times 3 = 0$$
$$1 \times 3 = 3$$
$$2 \times 3 = 6$$
$$3 \times 3$$

R) Perguntei quanto dava ao todo.
Nove.

$$0 \times 3 = 0$$
$$1 \times 3 = 3$$
$$2 \times 3 = 6$$
$$3 \times 3 = 9$$

S) Daí em diante eu fui apenas colocando sempre mais um monte sobre a mesa, e os educandos foram escrevendo a multiplicação e o resultado em seus cadernos. Alguns já foram fazendo sozinhos as outras multiplicações. Eu orientava aqueles que tivessem chegado ao 3 × 9 que o necessário era mesmo só até ali, mas que, para exercitar, eles poderiam continuar a tabuada. Alguns foram até o 3 × 20.

T) Aproveitando a adição feita anteriormente (vide item **a**) montei com eles as tabuadas do dois e do um, seguindo o mesmo processo utilizado na montagem da tabuada do três.

U) A adição de nove parcelas de 4.056 e correspondente multiplicação foram o ponto de partida para a montagem das tabuadas do quatro, cinco, seis e do zero, seguindo os mesmos procedimentos utilizados para a montagem das tabuadas anteriores. A montagem da tabuada do zero insere-se naqueles procedimentos que visam o domínio das operações em que aparece esse número.

V) A adição de nove parcelas de 789 e a correspondente multiplicação foram o ponto de partida para a montagem das tabuadas do sete, do oito e do nove.

X) Após terem sido montadas todas essas tabuadas, a tabuada do dez foi montada com grande facilidade. A montagem da tabuada do dez tem por função ir levando os educandos a irem percebendo, aos poucos, que o resultado de qualquer multiplicação por dez pode ser obtido automaticamente, bastando mudar cada algarismo do número multiplicado para uma casa à esquerda e colocar o zero na unidade.

W) A seguir forneci aos educandos uma tabela, como a do desenho abaixo, para que eles a preenchessem.

x	0	1	2	3	4	5	6	7	8	9	10
0											
1											
2											
3											
4											
5											
6											
7											
8											
9											
10											

Orientei para que essa tabela fosse preenchida aleatoriamente, isto é, sem seguir a ordem das linhas ou das colunas, para exercitar a memorização da tabuada. Nessa tabela, pode-se explorar a propriedade comutativa da multiplicação. Por exemplo, o 24 pode ser encontrado em quatro lugares da tabela, pois

$$24 = 6 \times 4 = 4 \times 6 = 3 \times 8 = 8 \times 3.$$

×	0	1	2	3	4	5	6	7	8	9	10
0											
1											
2											
3									24		
4							24				
5											
6					24						
7											
8				24							
9											
10											

QUARTO PASSO:
Exercícios de multiplicação

Neste passo foram realizadas várias multiplicações. Não foram realizadas as adições correspondentes. O objetivo foi o treino de multiplicação com o multiplicador até nove. Concomitantemente, foram sendo realizados exercícios de memorização da tabuada. Eu pedia que os educandos estudassem em casa, por exemplo, a tabuada do sete, para o encontro de trabalho seguinte. Então eu perguntava a tabuada indo primeiramente do 0 X 7 ao 10 X 7, depois seguindo a ordem contrária, isto é, indo do 10 X 7 ao 0 X 7 e, por fim, aleatoriamente. No momento de serem efetuadas as multiplicações deste passo, a tabela preenchida no passo anterior foi utilizada sempre que o educando não se recordava de algum resultado da tabuada.

O ato de se procurar algo numa tabela é em si mesmo um exercício muito importante, pois é um dos momentos em que o educando está adquirindo hábitos próprios à cultura letrada. Com os exercícios de memorização da tabuada ele vai progressivamente deixando de utilizar a tabela. Mas a sua utilização não foi apenas um auxílio para a realização de multiplicações, foi um exercício de aquisição de hábitos que ele não tinha antes e que são necessários a um efetivo domínio da matemática escrita. As multiplicações realizadas neste passo foram as seguintes:

a) 894 × 2

b) 325 × 4

c) 6.307 × 3

d) 10.457 × 7

e) 207.965 × 8

f) 79.623 × 3

g) 10.845 × 3

h) 46.081 × 4

i) 57.932 × 4

j) 12.360 × 5

k) 85.794 × 5

l) 37.804 × 6

m) 21.952 × 6

n) 50.623 × 7

o) 41.897 × 7

p) 27.913 × 8

q) 68.054 × 8

r) 91.607 × 9

s) 42.583 × 9

Essas multiplicações com números grandes tiveram por objetivo levar os educandos a perderem o receio por operações com esses números, percebendo que o mecanismo de resolução das multiplicações pequenas é o mesmo das grandes. Em todos os momentos eu exercitei com os educandos a leitura dos números. Muitas vezes eu ditei a multiplicação para eles exercitarem a escrita dos números (principalmente aqueles com zero) e a montagem do algoritmo.

QUINTO PASSO:
Divisão no ábaco e montagem do algoritmo

A) Distribuí três ábacos para cada educando.

B) Solicitei que eles representassem o número 6.482 num dos ábacos.

C) Solicitei que eles dividissem esses números em partes iguais para cada um dos dois ábacos.

D) Após todos terem feito a divisão, pedi que um deles dissesse como eu faria em meus ábacos. Essa divisão pode ser feita começando-se por qualquer uma das colunas. Alguns educandos começaram pela unidade de milhar, outros pela unidade.

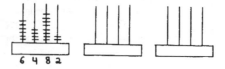

Começando pela unidade de milhar:

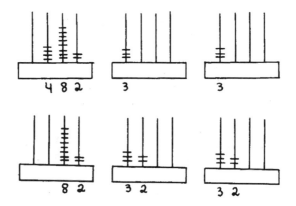

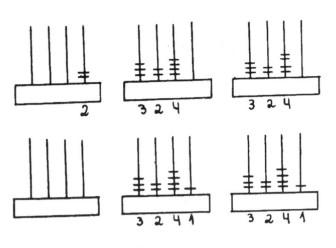

Começando pelas unidades:

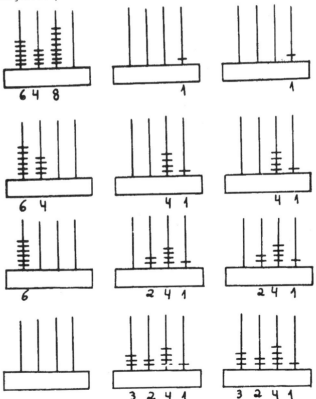

E) Para a montagem do algoritmo eu esvaziei os ábacos, representei novamente o 6.482 num dos ábacos, escrevi esse número na lousa e fiz duas divisões através de traços verticais, para delimitar os lugares onde seria escrito o que iria para cada um. Iniciei a divisão nos ábacos e na lousa.

$$\begin{array}{r|l} 6.482 & 3 \\ -6 & \\ \hline 0 & \end{array}$$

$$\begin{array}{r|l} 6\,482 & 3 \\ -6 & \\ \hline 0\,4 & \end{array}$$

$$\begin{array}{r|l} 6.482 & 32 \\ -6 & \\ \hline 0\,4 & \\ -4 & \\ \hline 0 & \end{array}$$

102

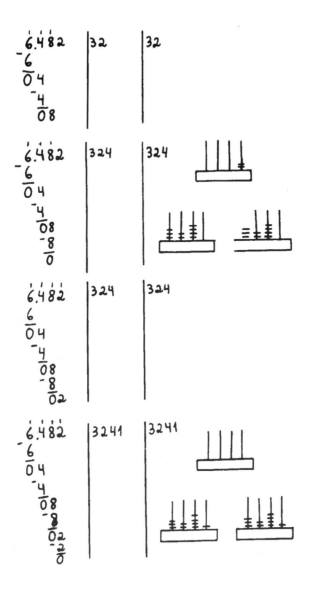

Fui fazendo cada procedimento simultaneamente nos ábacos e na lousa. Após o término da resolução, apaguei a resolução da lousa e solicitei aos educandos que efetuassem a mesma divisão em seus cadernos.

F) Discuti com eles que, na verdade, não havia necessidade de se escrever duas vezes o resultado da divisão, na medida em que dividia-se igualmente. Bastava indicar por "quantas pessoas" se estava dividindo e quanto cada um recebia. Também não havia a necessidade de se colocar a mesma quantia em dois ábacos, sendo, portanto, necessário. um ábaco para se representar quanto cada um receberia. Expliquei que para indicarmos que estávamos dividindo por dois, armaríamos a conta da seguinte maneira:

$$6.482 \underline{|2}$$

O resultado seria escrito debaixo da "chave". Resolvi, então, novamente essa divisão, simultaneamente na lousa e nos ábacos.

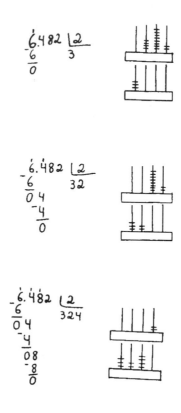

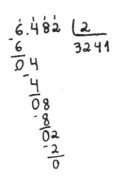 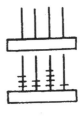

Apaguei a resolução da lousa e solicitei que os educandos resolvessem a divisão dessa maneira em seus cadernos.

G) Para desenvolver a compreensão da relação entre a multiplicação e a divisão, enquanto inversas entre si, solicitei que os educandos multiplicassem o resultado por dois, para verificarem se o resultado da divisão estava correto.

$$\begin{array}{r} 3.241 \\ \times\ 2 \\ \hline 6.482 \end{array}$$

H) Expliquei então como se escreve aquela divisão na forma horizontal:

$$6.482 \div 2 = 3.241$$
ou
$$6.482 : 2 = 3.241$$

Ou

I) Para iniciarmos outra divisão, solicitei que, num ábaco, eles representassem o número 3.572 e então dividissem por dois, representando, num ábaco, o resultado.

J) Após todos terem feito a divisão, solicitei que um deles dissesse como eu poderia fazer em meus ábacos.

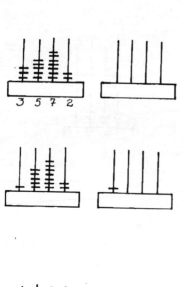

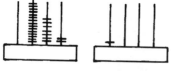
Das três unidades de milhar, pegamos duas para dividir.

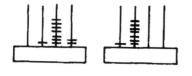
A unidade de milhar restante foi trocada por dez centenas que foram somadas às outras cinco, num total de quinze centenas.

Dessas quinze, pegamos catorze para dividir.

A centena restante foi trocada por dez dezenas, que foram somadas às outras sete, num total de dezessete dezenas.

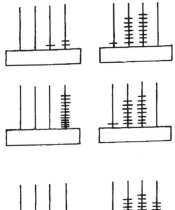

Dessas dezessete, pegamos dezesseis para dividir.

A dezena restante foi trocada por dez unidades, que foram somadas às outras duas, num total de doze.

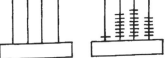

Finalmente, dividimos as doze unidades.

K) Armei o algoritmo na lousa e solicitei que um deles fosse me "ajudando" a resolvê-lo.

$$\begin{array}{r} 3.572 \\ -2 \\ \hline 15 \\ -14 \\ \hline 17 \\ -16 \\ \hline 12 \\ -12 \\ \hline 0 \end{array} \bigg| \begin{array}{l} 2 \\ \overline{1.786} \end{array}$$

L) Apaguei essa resolução da lousa e solicitei que eles realizassem essa divisão em seus cadernos.

M) Após todos terem terminado, solicitei que eles efetuassem a multiplicação, para verificar se o resultado da divisão estava correto.

$$\begin{array}{r} \overset{1}{1}.\overset{1}{7}\overset{1}{8}6 \\ \times\ 2 \\ \hline 3.572 \end{array}$$

N) A seguir foram realizadas algumas divisões e respectivas multiplicações:

```
 2.536 |2
 2     ‾‾‾‾‾
 ‾     1.268
 05
  4
  ‾
  13
  12
  ‾‾
   16
   16
   ‾‾
    0
```

$$1.\overset{1}{2}\overset{1}{6}8$$
$$\underline{\times\ 2}$$
$$2.536$$

```
 375 |3
 3   ‾‾‾
 ‾   125
 07
  6
  ‾
  15
  15
  ‾‾
   0
```

$$1\overset{1}{2}5$$
$$\underline{\times\ 3}$$
$$375$$

```
 642 |3
 6   ‾‾‾
 ‾   214
 04
  3
  ‾
  12
  12
  ‾‾
   0
```

$$2\overset{1}{1}4$$
$$\underline{\times\ 3}$$
$$642$$

```
 986 |4
 8   ‾‾‾
 ‾   246
 18
 16
 ‾‾
  26
  24
  ‾‾
   2
```

$$\overset{1}{2}\overset{2}{4}6$$
$$\underline{\times\ 4}$$
$$984$$

$$984$$
$$\underline{+\ \ \ 2}$$
$$986$$

```
  587 |_4__
 -4    146
  18
 -16
   27
  -24
    3
```

```
   1 2
  1 4 6      5 8 4
  × 4      +   3
  ─────    ─────
  5 8 4    5 8 7
```

```
  687 |_5__
 -5    137
  18
 -15
   37
  -35
    2
```

```
  1 3 7      6 8 5
  × 5      +   2
  ─────    ─────
  6 8 5    6 8 7
```

```
  98.395 |_6____
 -6      16.399
  38
 -36
   23
  -18
    59
   -54
     55
    -54
      1
```

```
  16.399     98.394
  × 6      +     1
  ──────   ───────
  98.394    98.395
```

O) Descreverei agora uma divisão realizada em seguida, em que aparece o **zero** no quociente.

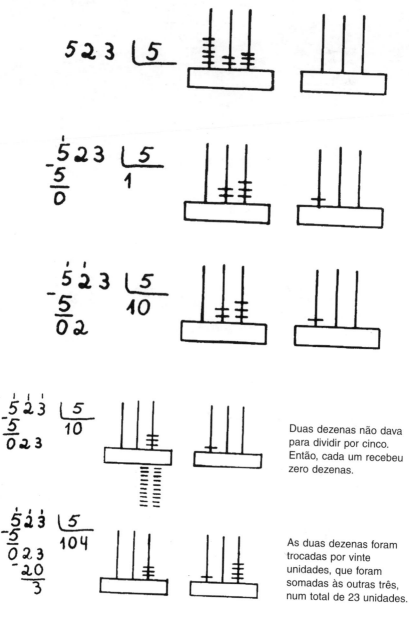

Duas dezenas não dava para dividir por cinco. Então, cada um recebeu zero dezenas.

As duas dezenas foram trocadas por vinte unidades, que foram somadas às outras três, num total de 23 unidades.

Verificando se o resultado está correto:

$$\begin{array}{r} \overset{a}{1}04 \\ \times\ 5 \\ \hline 520 \end{array} \qquad \begin{array}{r} 520 \\ +\ \ \ 3 \\ \hline 523 \end{array}$$

A seguir foram realizadas outras duas divisões, nas quais aparece o zero no quociente:

$$\begin{array}{r|l} 35.436 & \underline{7} \\ \underline{35} & 5.062 \\ \ \ 043 & \\ \ \ \underline{\ \ 42} & \\ \ \ \ \ \ 16 & \\ \ \ \ \ \ \underline{14} & \\ \ \ \ \ \ \ \ 2 & \end{array} \qquad \begin{array}{r} \overset{4\,1}{5.062} \\ \times\ 7 \\ \hline 35.434 \end{array} \qquad \begin{array}{r} 35.434 \\ +\ \ \ \ \ 2 \\ \hline 35.436 \end{array}$$

$$\begin{array}{r|l} 49.600 & \underline{8} \\ \underline{48} & 6.200 \\ \ \ 16 & \\ \ \ \underline{16} & \\ \ \ \ \ 000 & \end{array} \qquad \begin{array}{r} \overset{1}{6.200} \\ \times\ 8 \\ \hline 49.600 \end{array}$$

SEXTO PASSO:
Multiplicação e divisão por dez

O objetivo deste passo foi o de levar os educandos a dominarem o fato de que o resultado da multiplicação e da divisão por dez pode ser obtido automaticamente, através do deslocamento dos algarismos do multiplicando e do dividendo.

A) Inicialmente, fiz eles observarem, naquela tabela com a tabuada de multiplicação, todas as multiplicações por dez.

B) Depois fizemos algumas adições de dez parcelas iguais:

```
    152              1.687
    152              1.687
    152              1.687
    152              1.687
  + 152           + 1.687
    152              1.687
    152              1.687
    152              1.687
    152              1.687
    152              1.687
   ────            ──────
   1.520           16.870
```

Discutimos que em todos esses casos havia ocorrido a mesma coisa: o resultado apresentava os mesmos algarismos das parcelas, deslocados uma casa à esquerda e com o zero na casa das unidades. Discutimos que isso ocorre porque deslocar um algarismo para uma casa à esquerda significa aumentar em dez vezes o seu valor. O mesmo ocorre com uma conta do ábaco que, ao ser mudada para uma coluna à esquerda, aumenta dez vezes o seu valor.

C) Fizemos uma série de multiplicações e divisões apenas através do deslocamento dos algarismos:

a) 2 × 10 = 20
   20 : 10 = 2

b) 12 × 10 = 120
   120 : 10 = 12

c) 23 × 10 = 23
   230 : 10 = 23

d) 45 × 10 = 450
   450 : 10 = 45

e) 123 × 10 = 1.230
   1.230 : 10 = 123

f) 325 × 10 = 3.250
   3.250 : 10 = 325

g) 402 × 10 = 4.020
   4.020 : 10 = 402

h) 3.525 × 10 = 35.250
   35.250 : 10 = 3.525

i) 7.003 × 10 = 70.030
   70.030 : 10 = 7.003

j) 20.408 × 10 = 204.080
   204.080 : 10 = 20.408

k) 300.507 × 10 = 3.005.070
   3.005.070 : 10 = 300.507

SÉTIMO PASSO:
Multiplicação e divisão por 11, 12, ..., 19

A) Solicitei que os educandos resolvessem a multiplicação:

$$\begin{array}{r} 5.726 \\ \times\,10 \\ \hline \end{array}$$

B) Solicitei que eles resolvessem outra multiplicação:

$$\begin{array}{r} 5.726 \\ \times\,1 \\ \hline \end{array}$$

C) Discutimos que se quiséssemos saber, agora, o resultado de 5.726 × 11, bastaria somarmos:

$$\begin{array}{r} 57.260 \\ +\ 5.726 \\ \hline \end{array}$$

D) Mostrei então que poderíamos fazer essas três operações numa só.

$$\begin{array}{r} 5.726 \\ \times\,11 \\ \hline 57.260 \\ +\ 5.726 \\ \hline 62.986 \end{array}$$

113

E) Seguimos o mesmo processo com 12 × 2.123:

```
  2.123        2.123       21.230          2.123
×   10       ×    2     + 4.246         ×    12
─────────    ─────────    ─────────     +21.230
 21.230       4.246       25.476          4.246
                                        ─────────
                                         25.476
```

F) Para exercitar esse tipo de multiplicação, efetuamos ainda:

```
      31            ¹326          6.037
  ×   13         ×    12       ×     13
  ─────────      ─────────     ─────────
  ¹          
  + 310          +  652         18.111
     93          + 3.260       +60.370
  ─────────      ─────────     ─────────
    403           3.912         78.481
```

Por uma questão de tempo, não foi possível, nesse momento, realizar uma quantidade maior de multiplicações. O ideal seria realizar multiplicações, nesse momento, também por 14, 15, 16, 17, 18 e 19. Inclusive utilizando números com até seis casas decimais, como, por exemplo:

19 × 107.564

G) Após aquelas multiplicações, propus que realizássemos a seguinte divisão:

27.796 : 13

$$\begin{array}{r|l} \widehat{27}.796 & \underline{13} \\ \end{array}$$

Se temos 27 para dividir por treze, quanto poderemos dar para cada um?

$$\begin{array}{r} 13 \\ \times 2 \\ \hline 26 \end{array}$$

$$\begin{array}{r|l} \widehat{27}.\overset{\centerdot}{7}96 & \underline{13} \\ \underline{26} & 2 \\ 17 & \end{array}$$

Desses 27 pegamos 26 e damos dois para cada um. Sobrou uma unidade de milhar, que trocamos por dez centenas, que somadas às outras sete resultam 17.

$$\begin{array}{r|l} \widehat{27}.\overset{\centerdot}{7}\overset{\centerdot}{9}6 & \underline{13} \\ \underline{26} & 21 \\ 17 & \\ \underline{^{-}13} & \\ 49 & \end{array}$$

Desses 17 pegamos treze e damos um para cada um. Sobram quatro centenas que trocamos por quarenta dezenas, que somadas às outras nove, resultam 49.

Será que poderemos dar quatro para cada um?

$$\begin{array}{r} \overset{1}{1}3 \\ \times 4 \\ \hline 52 \end{array}$$

Não. É muito. Tentemos três.

$$\begin{array}{r} 13 \\ \times 3 \\ \hline 39 \end{array}$$

$$\begin{array}{r|l} \widehat{27}.\overset{\centerdot}{7}\overset{\centerdot}{9}\overset{\centerdot}{6} & \underline{13} \\ \underline{26} & 213 \\ 17 & \\ \underline{^{-}13} & \\ 49 & \\ \underline{^{-}39} & \\ 106 & \end{array}$$

Restam dez dezenas que são trocadas por cem unidades, que são somadas às outras seis.

Quanto poderemos dar para cada um? Tentemos sete.

$$\begin{array}{r} \overset{2}{1}3 \\ \times 7 \\ \hline 91 \end{array}$$

Podemos dar sete para cada um, mas vai sobrar muito.

$$-\frac{106}{91}$$
$$\overline{15}$$

Vejamos oito.

$$\overset{2}{1}3$$
$$\underline{\times 8}$$
$$104$$

```
  2̂7̇.7̇9̇6  |13
  26       2.138
  ―――
  17
 -13
  ――
   49
  -39
  ―――
   106
   104
   ―――
     2
```

H) Realizamos então a seguinte multiplicação:

```
    2.1̇3̇8
    × 13
   ―――――
    21.380
  + 6.414
   ―――――――
    27.794
  +      2
   ―――――――
    27.796
```

I) Repetimos o processo com:

```
  3̂1̇.2̇5̇4  |15         2.0̈8̇3
  30       2.083       × 15
  ―――                 ――――――
   125               + 10.415
   120                 20.830
   ―――                ―――――――
    54              + 31.245
    45                     9
    ――                ―――――――
     9                 31.254
```

116

OITAVO PASSO:
Multiplicação e divisão por vinte ou mais

A) Inicialmente mostrei aos educandos que quando se multiplica por vinte é o mesmo que multiplicar por dez e depois por dois.

```
  321          3.210          321
x  10          x   2         x 20
─────         ──────         ─────
3.210         6.420          6.420
```

B) Realizamos então a seguinte multiplicação:

```
    321
  x  23
  ─────
   6.420
+    963
  ──────
   7.383
```

C) A seguir, realizamos a seguinte divisão:

$\widehat{6\,7}8.906\ \lfloor\underline{23}$ Se temos 67 para dividir por 23, será que poderemos dar três para cada um?

```
  23
x  3      Não. É muito. Tentemos dois.
 ───
  69              23
                x  2
                ────
                 46
```

$\widehat{6\,7}8.906\ \lfloor\underline{23}$
$-46\qquad\quad\ 2$
─────
218

Desses 67 pegamos 46 e damos dois para cada um. Sobram 21 dezenas de milhar que são trocadas por 210 unidades de milhar, que são somadas às outras oito.

Será que daremos oito para cada um?

117

Não. Oito é pouco, pois sobra mais que 23.
Tentemos nove.

$$\begin{array}{r} 23 \\ \times\ 8 \\ \hline 184 \end{array} \qquad \begin{array}{r} 218 \\ -184 \\ \hline 034 \end{array}$$

$$\begin{array}{r} \overset{2}{2}3 \\ \times\ 9 \\ \hline 207 \end{array}$$

```
 6̂7̇8.9̇06  |23
-46         ―――
 ―――         29
 218
 207
 ―――
 0119
```

Desses 218 pegamos 207 e damos nove para cada um. Sobram onze unidades de milhar que são trocadas por 110 centenas, que são somadas às outras nove. Será que poderemos dar seis para cada um?

$$\begin{array}{r} \overset{1}{2}3 \\ \times\ 6 \\ \hline 138 \end{array}$$

Não. É muito. Tentemos cinco.

$$\begin{array}{r} 23 \\ \times\ 5 \\ \hline 115 \end{array}$$

```
_6̂7̇8.9̇0̇6  |23
 46         ――――
 ―――         2961
 218
 207
 ――――
 0119
-115
 ――――
   40
  -23
  ―――
   17
```

Desses 119 pegamos 115 e damos nove para cada um. Sobram quatro centenas que são trocadas por quarenta dezenas. Dessas quarenta pegamos 23 e damos um para cada um.

```
  678.906 |23
 - 46     ‾‾‾‾‾
   ‾‾‾    2.951
   218
  -207
   ‾‾‾
   119
  -115
   ‾‾‾
    40
   -23
   ‾‾‾
    176
```

```
  ²23
  x 8
  ‾‾‾
  184
```

Sobram dezessete dezenas que são trocadas por 170 unidades, que são somadas às outras seis.

Será que poderemos dar oito para cada um?

Não. É muito. Tentemos sete.

```
  ²23
  x 7
  ‾‾‾
  161
```

```
  678.906 |23
 - 46     ‾‾‾‾‾‾
   ‾‾‾    29.517
   218
  -207
   ‾‾‾
   119
  -115
   ‾‾‾
    40
   -23
   ‾‾‾
    176
   -161
   ‾‾‾
    015
```

D) Para conferir o resultado, realizamos a multiplicação:

```
    ² ¹ ²
    29.517
   x    23
   ‾‾‾‾‾‾‾
     88551
  +¹590340
   ‾‾‾‾‾‾‾
    678891
  +     15
   ‾‾‾‾‾‾‾
    678906
```

119

E) Repetimos o processo com:

```
  1.680.288  |96
 -  96        17.503
    720
  - 672
     482
   - 480
      288
    - 288
        0
```

```
     6 4  2
     4 3  1
    17.503
  ×    96
   105018
  1575270
  1.680.288
```

Por uma questão de tempo encerrei aí a Terceira Unidade. Havendo tempo, outras multiplicações e divisões poderiam ser realizadas, ainda nessa Terceira Unidade, como multiplicações e divisões por cem ou mais. No momento em que termino de descrever essa sequência de passos, estamos realizando o SAT-2 (Segundo Seminário de Aperfeiçoamento de Trabalhadores) com os educandos que participaram do PAF-2. No SAT-2 estou desenvolvendo a segunda etapa do ensino de matemática. Pretendo escrever sobre essa segunda etapa em outra oportunidade. No entanto, como no início dessa etapa estou fazendo uma revisão das quatro operações, apresentarei abaixo como realizei com os educandos, num encontro de trabalho recente, uma divisão utilizando um procedimento sugerido em um livro de aritmética de 1897 (Coqueiro, 1897). Esse procedimento consiste no seguinte: antes de se iniciar a resolução de uma divisão onde o divisor e o dividendo sejam grandes, constrói-se a tabuada do dividendo, para facilitar o cálculo. Resolvi experimentar esse procedimento com os educandos porque ele apresenta alguns aspectos positivos como: desenvolvimento do hábito de organizar-se antes de iniciar uma operação (um educando disse assim: "é como amolar as ferramentas antes de começar o serviço"); treino da multiplicação; possibilita que, ao se efetuar a divisão, a atenção não precise ser desviada para a realização de multiplicações. A divisão realizada com o auxílio desse procedimento foi a seguinte:

```
  607.483  |13
   52       46.729
   ‾‾‾
   -8̄7̄
   ‾‾
   -78
   ‾‾‾
   -94
    91
   ‾‾‾
    038
    -26
   ‾‾‾
    123
    117
   ‾‾‾
      6
```

```
 1 x 13 = 13
 2 x 13 = 26
 3 x 13 = 39
 4 x 13 = 52
 5 x 13 = 65
 6 x 13 = 78
 7 x 13 = 91
 8 x 13 = 104
 9 x 13 = 117
10 x 13 = 130
```

2. Analisando alguns pontos

Já tive contato com educadores que trabalham ou trabalharam com Ensino de Matemática para alfabetizandos adultos e que questionam a significância do ensino de técnicas operatórias como as de multiplicação e divisão que trabalhei com os educandos nesta Terceira Unidade. Argumentam esses educadores que existem outras técnicas operatórias mais simples e que poderiam estar mais próximas do raciocínio do educando adulto. Um exemplo seria utilizar, na multiplicação, a técnica da duplicação egípcia. Alguns dos educandos com quem trabalhei utilizam essa técnica, mentalmente, para certas multiplicações simples, como 8 × 4, 8 × 7 etc. Abaixo estão dois exemplos de multiplicações realizadas através dessa técnica de duplicação.

9 × 12

2 × 12 = 24
4 × 12 = 48
8 × 12 = 96

9 × 12 = 8 × 12 + 1 + 12 = 96 + 12 = 108

135 × 1.321

2 × 1.321 = 2.642
4 × 1.321 = 2.642 × 2 = 5.284
8 × 1.321 = 5.284 × 2 = 10.568
16 × 1.321 = 10.568 × 2 = 21.136
32 × 1.321 = 21.136 × 2 = 42.272
64 × 1.321 = 42.272 × 2 = 84.544
128 × 1.321 = 84.544 × 2 = 169.088

121

135 = 128 + 4 + 2 + 1
135 × 1.321 = 169.088 + 5.284 + 2.642 + 1.321 = 178.335

A vantagem dessa técnica está em que, conhecendo-se apenas a tabuada do dois, pode-se realizar qualquer multiplicação.

Acontece que, na fase de início da aprendizagem do cálculo escrito (como foi o caso dessas três unidades desenvolvidas com os educandos do PAF-2), trabalhar com várias técnicas operatórias pode tornar-se um fator de dispersão da atenção do educando. E, no final, ele acaba não dominando nenhuma das técnicas. Dedicando-se inicialmente a uma técnica operatória e exercitando-a durante um período que garanta o seu domínio, forma-se uma base segura que permite conhecer-se depois outras técnicas sem desestabilizar o aprendizado do educando. E a decisão de qual técnica será ensinada em primeiro lugar não é uma questão de preferência do educando ou do educador. O educando adulto pertence a uma sociedade onde existe uma técnica operatória utilizada predominantemente para efetuar, por exemplo, multiplicações. Essa técnica operatória é, portanto, um dos instrumentos integrantes da cultura letrada dessa sociedade. E a função do educador é a de socializar esse instrumento. A escolha de qual técnica operatória terá prioridade no ensino já está feita. Em casos em que o tempo disponível para o ensino seja bastante grande, o educador pode começar, por exemplo, pela técnica de duplicação, para a multiplicação, para depois ensinar a técnica tradicionalmente utilizada em nossa sociedade. Porém, na maior parte dos casos, não existe um tempo disponível tão grande e é necessário optar por ensinar a técnica operatória utilizada predominantemente em nossa sociedade.

Alguns educadores afirmam que o educando não utilizará no seu dia a dia aquela técnica operatória ensinada em sala de aula porque ela é diferente do seu processo de cálculo mental.

Considero essa visão equivocada por vários motivos. O primeiro deles é o de que todas as pessoas têm processos de cálculo mental próprios, têm procedimentos específicos que lhes facilitam o cálculo em determinadas circunstâncias, mas nem por isso deixam de utilizar a técnica operatória que aprenderam na escola. Em muitas situações o processo mais prático e seguro não é o "jeito" de cada um, mas a técnica operatória tradicionalmente utilizada, que é resultado de um processo social de aperfeiçoamento desse instrumento.

Um segundo motivo é o de que muitas vezes os alunos não utilizam certa técnica operatória porque ela não lhe foi bem ensinada. Se eles tivessem tido realmente condições de dominar aquela técnica, a utilizariam. Trata-se de uma questão de competência profissional do educador e não uma questão de opção do educando, que pretensamente estaria se recusando a utilizar aquela técnica.

Um terceiro motivo, sobre o qual me aterei um pouco mais, é a relação entre aquilo que o educando já sabe e aquilo que ele não sabe, mas precisa saber. Quando o educador compreende de maneira estanque essa relação, ou leva o educando a permanecer no ponto de partida, que é o que ele já sabe, ou justapõe de maneira precária o novo conhecimento ao anterior, não possibilitando ao educando condições para que veja a relação entre um e outro. Para exemplificar esse ponto farei uma breve análise do ensino da técnica operatória de divisão.

Alguns educandos adultos dividem mentalmente da seguinte maneira:

$$684 : 2$$

$$600 : 2 = 300$$
$$80 : 2 = 40$$
$$4 : 2 = 2$$

$$300 + 40 + 2 = 342$$

ou

$$574 : 2$$

$$500 : 2 = 250$$
$$70 : 2 = 35$$
$$4 : 2 = 2$$

$$250 + 35 + 2 = 287$$

Veja-se que esse processo de cálculo mental tem duas características:

— baseia-se na divisão utilizada quando se diz oralmente o número. Diz-se quinhentos e setenta e quatro. Essa divisão oral do número baseia-se no próprio sistema de numeração, na própria divisão do número em casas decimais;

— trabalha com o valor relativo e não com o valor absoluto dos algarismos. Por exemplo, o cinco, por causa das regras do nosso sistema de numeração, no número 574, assume um valor de quinhentos devido a sua posição no número (valor posicional ou valor relativo). Mas o seu valor absoluto é cinco.

A técnica operatória que ensinei aos educandos utiliza tanto o valor relativo quanto o valor absoluto dos algarismos.

```
 574 |_2_
 -4   287
 ───
  17
 -16
  ───
   14
  -14
  ───
    0
```

Primeiramente divide-se cinco (valor absoluto) por dois. Resta um, que, por ser uma centena (valor relativo), equivale a dez dezenas. Essas dez dezenas somadas às outras sete formam um total de dezessete dezenas. E assim por diante.

Como fazer para que o educando passe daquele seu cálculo mental para o domínio dessa técnica operatória de cálculo escrito? Alguns educadores consideram que é impossível e/ou inútil querer ensinar essa técnica operatória a adultos que já têm aquele tipo de cálculo mental. Para esses educadores o mais acertado seria apenas exercitar o cálculo mental do educando ou, quando muito, uma técnica de cálculo escrito que realizasse a divisão da mesma maneira que o educando a realiza mentalmente.

No quinto passo desta Terceira Unidade encontra-se descrito o processo que desenvolvi com os educandos para levá-los ao domínio dessa técnica operatória de cálculo escrito da divisão. Recordando:

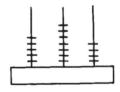

Eis aí, representado no ábaco, o número 574, a ser dividido por dois. Os educandos dizem que na primeira coluna da esquerda estão cinco bolinhas de cem. Nessa expressão "cinco bolinhas de cem" já está contido o valor absoluto (cinco bolinhas) e o valor relativo (bolinhas de cem). E aí está a união com o processo de cálculo mental do educando, pois, quando ele for dividir quinhentos (cinco bolinhas de cem), ele estará **pegando o valor absoluto**, isto é, tirando com as mãos quatro bolinhas e **pensando no valor relativo**, isto é, estará pensando que está dividindo quatrocentos.

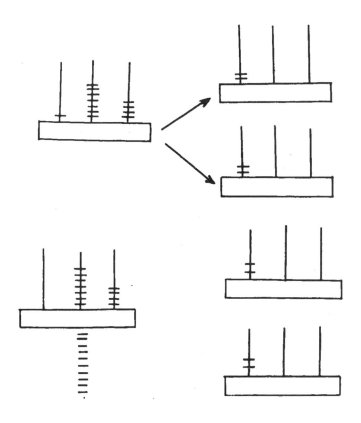

O educando divide as quatro bolinhas pelos dois ábacos vazios e coloca duas bolinhas em cada um. Mentalmente ele está dividindo quatrocentos por dois e dando duzentos para cada um. Sobra uma bolinha que é trocada por dez que são colocadas na coluna à direita. Mentalmente ele está trocando uma bolinha de cem por dez de dez. Na coluna das bolinhas de dez existe agora um total de dezessete.

125

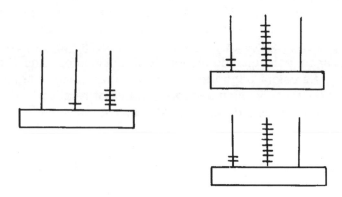

Dessas dezessete pegam-se dezesseis, que são divididas por dois. E assim por diante.

O ábaco força-os a trabalharem tanto com o valor absoluto quanto com o valor relativo, dando um passo que liga o seu cálculo mental ao cálculo escrito.

Veja-se que existe a relação entre o cálculo mental do educando e a técnica operatória de cálculo escrito. Sem esse tipo de análise, que vai às raízes do próprio cálculo mental dos educandos, o educador limita-se a constatar a aparência do problema, isto é, percebe somente que existe uma diferença entre o processo de cálculo mental do educando e a técnica operatória de cálculo escrito e não percebe que existe uma relação entre ambos. E é por permanecer apenas nas aparências que conclui pela impossibilidade e/ou inutilidade do ensino da técnica operatória de cálculo escrito. Condena, assim, o educando a não ir além no seu processo de aprendizagem, continuando mais uma vez a ser alijado do domínio do conhecimento matemático escrito.

Por fim, friso que as sequências de passos das três unidades aqui apresentadas não têm por objetivo cristalizarem-se como uma proposta definitiva, pronta e acabada. O mais difícil ainda está por ser feito, que é seguir no processo de reelaboração dessa proposta de ensino de matemática para alfabetizandos adultos. E, para o desenvolvimento desse processo, será indispensável a colaboração de outros educadores que se proponham a refletir de maneira sistemática e rigorosa sobre essa área de ensino.

BIBLIOGRAFIA

CEDI (Centro Ecumênico de Documentação e Informação). O caderno de matemática. *Cadernos do Cedi*, São Paulo, n. 13, p. 40-51, 1984.

COQUEIRO, J. A. *Tratado de arithmetica*. Rio de Janeiro: Casa Mont'Alverne, 1897.

DANTZIG, Tobias. *Número: a linguagem da ciência*. Rio de Janeiro: Zahar, 1970.

HOGBEN, Lancelot. *Maravilhas da matemática*: influência e função da matemática nos conhecimentos humanos. Rio de Janeiro: Globo, 1946.

LAMPARELLI, Lídia C. *Atividades matemáticas — 1ª série do 1º grau*. 2. ed. São Paulo: Cenp, 1984.

MOBRAL. *Manual do Alfabetizador*. Rio de Janeiro, 1984.

NICOLAI, Ronaldo. Alfabetização em matemática. *Jornal Educação Democrática*, n. 14, p. 8-11, São Paulo, 1984.

OLIVEIRA, Betty. *Relatório das atividades do projeto de alfabetização de funcionários da UFSCar — junho/80 a julho/81*. São Carlos: UFSCar, 1981. (mimeo).

_____. Aprendendo a ser educador técnico+político. *Revista Educação & Sociedade*, n. 20, p. 20-31, São Paulo, 1983.

_____. Implicações sociais inerentes ao uso dos procedimentos pedagógicos: um exemplo. *Revista Cadernos de Pesquisa*, n. 53, São Paulo, p. 45-52, 1985a.

_____. Pesquisando o ensinar e aprendendo a pesquisar. *Revista Tecnologia Educacional*, Rio de Janeiro, n. 62, p. 31-44, 1985b.

PENEIREIRO, João Batista. A matemática no Seminário de Aperfeiçoamento dos Trabalhadores (SAT). *Anais* da 1ª JORNADA CIENTÍFICA DA UFSCar, p. 235, 1981. (resumo da comunicação oral).

PEREIRA, Rita Ap. B. Exercícios de caligrafia: uma prática ultrapassada?, São Carlos, Gráfica da UFSCar, 1985 (a ser publicado na revista *Tecnologia Educacional*, Rio de Janeiro: ABT, 1985).

PIAGET, Jean; SZEMINSKA, A. *A gênese do número na criança*. Rio de Janeiro: Zahar, 1975.

PINTO, Alvaro Vieira. *Ciência e existência*. 2. ed. Rio de Janeiro: Paz e Terra, 1979.

TAHAN, Malba. *As maravilhas da matemática*. 5. ed. Rio de Janeiro: Bloch, 1983.

VAZQUEZ, A. Sanchez. *A filosofia da práxis*. Rio de Janeiro: Paz e Terra, 1968.

BIBLIOGRAFIA COMPLEMENTAR ESPECÍFICA DE MATEMÁTICA

ALEKSANDROV, A. D. et al. *La matemática*: su contenido, métodos y significado. 5. ed. Madrid: Alianza Editorial, 1981, 3 v.

ASIMOV, Isaac. *No mundo dos números*. Rio de Janeiro: Francisco Alves, 1983.

BOLL, Marcel. *As etapas da matemática*. 3. ed. Lisboa: Publicações Europa-América, 1979.

BOURBAKI, Nicolas. *Elementos de história de las matemáticas*. Madrid: Alianza, 1976.

CARAÇA, Bento de Jesus. *Conceitos fundamentais da matemática*. Lisboa, 1963. (mimeo).

CARAÇA, Bento de Jesus. Números naturais. In: *Lições de álgebra e análise*. 2. ed. Lisboa, v. 1, p. 3-34, 1945.

CARRAHER, Terezinha N. et al. Na vida: dez, na escola: zero. Os contextos culturais na aprendizagem da matemática. In: *Cadernos de Pesquisa*, São Paulo, v. 42, p. 79-86, ago. 1982.

CARVALHO, Manoel Sá et al. *Fundamentação da matemática elementar*. Rio de Janeiro: Campus, 1984.

COURANT, Richards; ROBBINS, Herbert. *Que és la matemática*. Madrid: Aguillar, 1979.

DANTE, Luiz R. A prática educativa matemática. In: *Anais* do 1º Simpósio de integração universidades-escolas de 1º e 2º graus. São Carlos, p. 53-66, 1979.

D'AUGUSTINE, Charles H. *Métodos modernos para o ensino de matemática*. Rio de Janeiro: Ao Livro Técnico, 1981.

DAVIS, Philip; HERSH, Reuben. *A experiência matemática*. Rio de Janeiro: Francisco Alves, 1985.

GARDING, Lars. *Encontro com a matemática*. Brasília: Editora da Universidade de Brasília, 1981.

KASNER, E.; NEWMAN, J. *Matemática e imaginação*. Rio de Janeiro: Zahar, 1976.

KLINE, Morris. *O fracasso da matemática moderna*. São Paulo: Ibrasa, 1976.

LAKATOS, Imre. *A lógica do descobrimento matemático*: provas e refutações. Rio de Janeiro: Zahar, 1978.

MANNO, Ambrásio G. *A filosofia da matemática*. São Paulo: Martins Fontes, s.d.

PASTOR, J. Rey; ADAM, P. Puig. *Metodología matemática elemental*. 2. ed. Buenos Aires: Ibero-Americana, 1948.

POLYA, George. *A arte de resolver problemas*. Rio de Janeiro: Interciência, 1978.

_____. *Matemática e razonamiento plausible*. Madrid: Editorial Tecnos, 1966.

PRADO JR., Caio. Brecha na metafísica: elaboração da matemática. In: *Dialética do conhecimento*. São Paulo: Brasiliense, 1980, p. 190-286.

_____. O ciclo do conhecimento, II: Apêndice. In: *Dialética do conhecimento*. São Paulo: Brasiliense, 1980, p. 110-30.

RADICE, Lúcio Lombardi. *A matemática de Pitágoras a Newton*. Lisboa: Edições 70, 1985.

RUDE, Adolf. Metodologia de la aritmética. In: *La enseñanza de las ciencias exatas y naturales*. Barcelona: Editorial Labor, 1937, p. 3-209.

STEEWART, Ian. *Conceptos de matemática moderna*. Madrid: Alianza Editorial, 1977.

VERA, Francisco. *Psicogénesis del razonamiento matemático*. Buenos Aires: Editorial Poseidon, 1947.

WIELEITNER, H. *História de las matemáticas*. 2. ed. Barcelona: Editorial Labor, 1932.